2023 年度河南省高等教育教学改革研究与实践重点项目（专业与研究生教育）"以中华文化传播为导向的国际中文教育研究生人才培养体系的构建与实践"（2023SJGLX078Y）和 2023 年度国家社会科学基金一般项目"数字治理赋能韧性乡村建设研究"（23BSH063）阶段性成果。

汉语国际教育硕士研究生专业实践能力培养研究

孙朝阳　著

中国华侨出版社

·北京·

图书在版编目（CIP）数据

汉语国际教育硕士研究生专业实践能力培养研究 /
孙朝阳著. -- 北京：中国华侨出版社，2025. 2.
ISBN 978-7-5113-9511-5

Ⅰ. H195.3

中国国家版本馆CIP数据核字第2025L657A1号

汉语国际教育硕士研究生专业实践能力培养研究

著　　者：孙朝阳

责任编辑：肖贵平

封面设计：寒　露

经　　销：新华书店

开　　本：710毫米×1000毫米　　1/16开　　印张：13.5　　字数：200千字

印　　刷：定州启航印刷有限公司

版　　次：2025年2月第1版

印　　次：2025年2月第1次印刷

书　　号：ISBN 978-7-5113-9511-5

定　　价：78.00元

中国华侨出版社　　北京市朝阳区西坝河东里77号楼底商5号　　邮编：100028

发行部：（010）64443051　　传　真：（010）64439708

如发现印装质量问题，影响阅读，请与印刷厂联系调换。

前　言

在全球化的发展趋势下，我国与世界各国的联系越来越紧密，"汉语热"逐步成为全球潮流，这源自我国经济的强大，同时体现了世界对我国未来发展的信心。汉语能够持续升温，也归功于中华文化的博大精深，但是传统的教学理念、教学方法、教材等已经不适合现在的发展趋势和学习需求。为了满足更多国内外学习者学习汉语的需求，以培养汉语教师为目标的汉语国际教育专业更应加强对硕士研究生实践能力的培养。因此，及时调整汉语国际教育人才专业实践能力的培养策略尤为关键。

本书系统化地对汉语国际教育硕士研究生专业实践能力培养进行了分析与研究，具体体现在以下六个方面。

第一章为绪论，主要从对汉语国际教育的认识、硕士研究生教育国际化历程、汉语国际教育硕士研究生培养三个方面进行论述。

第二章为汉语国际教育硕士研究生培养现状，主要内容包括汉语国际教育硕士研究生中的中国学生培养现状、汉语国际教育硕士研究生中的留学生培养现状、汉语国际教育硕士研究生之中外学生培养现状比较。

第三章为汉语国际教育硕士研究生实践培养模式，主要内容包括汉语国际教育硕士研究生"定向培养模式"、汉语国际教育硕士研究生"非定向培养模式"、汉语国际教育硕士研究生实践培养模式优化。

第四章为汉语国际教育硕士专业学位课程设置——以河南高校为例，主要内容有汉语国际教育硕士专业学位培养目标和课程设置、汉语国际教育硕士专业学位课程设置的对比分析、汉语国际教育硕士专业学位课程设置的调查及建议。

第五章为汉语国际教育硕士研究生质量保障与监控体系建构，内容主要有汉语国际教育硕士研究生质量保障与监控体系建设的原则及基础、汉语国际教育硕士研究生质量保障与监控体系建设路径。

第六章为汉语国际教育硕士研究生专业实践能力的培养策略，内容主要有汉语国际教育硕士研究生专业实践能力的体系框架构建、汉语国际教育硕士研究生专业实践能力的现状调查分析、汉语国际教育硕士研究生专业实践能力的培养策略建议。

本书在撰写过程中得到了许多同仁的帮助和指导。为了确保研究内容的丰富性和多样性，书中参考了一些专家学者的成果，在本书出版之际，特向这些专家学者及所有提供帮助的朋友表示衷心的感谢。同时，由于笔者水平能力有限，加上写作时间仓促，本书难免存在一些疏漏，在此恳请广大读者朋友批评指正！

孙朝阳

2024 年 12 月

目 录

第一章 绪 论

第一节 对汉语国际教育的认识

一、汉语国际教育内涵

（一）汉语国际教育概念的提出

汉语国际教育是近年来广泛见于高等教育领域的一个新兴概念。单从名词术语来看，汉语国际教育有据可考的第一次提出可追溯到 2007 年 1 月 24 日至 25 日国务院学位委员会第二十三次会议审议通过的《汉语国际教育硕士专业学位设置方案》。该方案提出："为提高我国汉语国际推广能力，加快汉语走向世界，改革和完善对外汉语教学专门人才培养体系，培养适应汉语国际推广新形势需要的国内外从事汉语作为第二语言 / 外语教学和传播中华文化的专门人才，决定在我国设置汉语国际教育硕士专业学位。"与此同时，该方案对汉语国际教育作出阐释："'汉语国际教育'是指面向海外母语非汉语者的汉语教学。""汉语国际教育"这一名称的确立，既能体现"加快汉语走向世界"的内涵，又有别于国内双语教学中的汉语教育，还可避免"推广"一词可能引发的负面影响。

汉语国际教育既是一个新的表述名称，也是一个新兴而复杂的研究领域。要想理解"汉语国际教育"这一概念，人们需要从其源头加以探究，厘清与之相关的各概念。

1. 对外汉语教学

对外汉语教学（Teaching Chinese to Foreigners）最早出现于 1982 年，当前仍被广泛使用。按《中国大百科全书·语言 文字》的解释，对外汉语教学是指对外国人的汉语教学；对外汉语教学也包括了对母语非汉语的海外华裔进行的汉语教学。"对外汉语教学"这一表述更多地着眼于中国国内的教学对象，在国外的适用性不强。例如，这一活动在中国范围内对非中国国籍的人来进行，人们就可以说是对外汉语教学；但如果这一活动在国外进行，如在美国教美国人学习汉语，这个时候采用对外汉语教学的表述就容易产生歧义，且其准确性值得商榷。当然，"对外汉语教学"这一概念的提出有其特定的历史原因。20 世纪 80 年代，学界在使用"对外汉语教学"这一概念时考虑的学习对象主要是到中国学习的外国人，即在中国范围内由中国人教授外国人学习汉语。

2. 汉语作为第二语言的教学

汉语作为第二语言的教学（Teaching Chinese as a Second Language），简单理解就是将汉语作为第二语言进行教学。这一名称在对外汉语的学理研究中使用较为广泛，因其使用地点、场合的普适性，所以无论在国内还是在国外都可以使用。这一表述的不足之处主要在于：第一，名称表述过长，不太符合汉语语法表达习惯，以致使用起来不太方便；第二，意思上包含了对国内少数民族的汉语教学。

3. 对外汉语教育学

一些国家把本国语言的第二语言教学称为"教育"。例如，在日本，国语教育是面向国内母语者的，日语教育是面向国外非母语者的。对外汉语教育学不但强调教育的丰富内涵，而且有一个"学"字，突出学科研究的任务。但有学者认为，语言教学很难承担对德、智、体、美、劳综合素质的培养，尤其是面向境外的非母语者。

4. 汉语作为外语的教学

汉语作为外语的教学（Teaching of Chinese as a Foreign Language），这一名称的使用主要基于两个原因：第一，汉语对学习者来说基本上是外语，可以将国内少数民族的汉语教学排除在外；第二，不少学者认为，"汉语作为第二语言教学"的名称不够准确。在目标语（所学语言）环境中学习的语言才叫"第二语言"，如在中国汉语环境中学习的汉语；在非目标语环境中学习的语言叫"外语"，如在外国非汉语环境里学习的汉语。目前，在非目标语环境中学习汉语者占绝大多数，因此，"汉语作为外语的教学"这一提法的不足之处在于未能涵盖在中国国内目标语言环境中进行的汉语教学。

5. 国际汉语

当前，汉语国际教育既有"对外汉语教学"的名称，也有"对外汉语"的名称，后者并没有否定"教学"，只是更强调汉语作为第二语言的特殊性质。"国际汉语"的名称也没有否定教育，它不但强调海外作为非母语使用的汉语的特殊性，而且强调在国际交往中的特殊性。中国国家汉语国际推广领导小组办公室（以下简称国家汉办）在2007—2008年组织研制并发布的三个有关汉语国际教育的标准化文件都是以"国际汉语"开头的，即《国际汉语教师标准》《国际汉语能力标准》《国际汉语教学通用课程大纲》。

以上这些概念在内容、实质和内涵上与汉语国际教育有着千丝万缕的联系，但也并不完全等同。上述每一个概念的提出都有其特定的历史背景，且在既定的历史背景下具有合理性和科学性。然而，随着外部环境的变化，以及教学活动的演进和内容的更迭，这些名称也表现出一定的不适应性。以"对外汉语教学"这一表述为例，借用北京语言大学崔希亮教授的理解，"对外汉语教学"刚出现的时候指的是"对外国人进行的汉语教学", 无论是在国内还是在国外, 只要是将汉语作为第二语言教学, 都可以称为"对外汉语教学"。因此, 也有人建议把这门学科更名为"汉语作为第二语言的教学"或者"汉语作为外语的教学"。当下, 人们用"对外汉语教学"指称对来华留学生进行的汉语教学, 这样就把这个名称狭义化了。不仅如此, 现实中的对外汉语教学在招生对象上既有国外学生, 又有国内学生, 显然与对外汉语教学是"对外国人的汉语教学"的本义有较大的出入。

部分学者用"对外汉语教学"指称在国内对来华留学生进行的汉语教学, 用"汉语国际教育"指称在海外把汉语作为外语的教学。这种区分虽然在理论上、实践上及意义上高度接近现实, 但若对汉语国际教育的内涵和内容进行进一步认识与界定, 就会发现其仍有改进和延伸理解的余地。对汉语国际教育的深层理解, 还应该从其内涵上进行进一步探析。

（二）基于现有释义的汉语国际教育的基本内涵分析

在通常意义上, "教育"一词被定义为一种培养人的活动, 而汉语国际教育被冠以"教育"之名（作为一种教育, 或者说一类教育活动的总称）, 其也可以被认定为一种以汉语（文）教学为核心的培养人的活动。如此一来, 对汉语国际教育内涵的理解, 也就可以依照教育问题探讨的一般范式展开, 系统考虑其基本概念、施教主体、受教对象、教学材料等内部各要素。

《汉语国际教育硕士专业学位设置方案》明确提出: "'汉语国际教育'是指面向海外母语非汉语者的汉语教学。"从这一阐释中对汉语国际教育内涵进行理解, 其中心节点在于把握"海外"这一概念。"海外"一词最早见于《吕氏春秋通诠·审分览·审分》, 本意为"四海之外, 泛指边远之地"。演变及今, "海外"一词大多与"国外"作同义理解, 并相互通用, 具有对象指向的国家主体性和地域指代的相对性。例如, 以中国为主体，中国区域之外就是"海外"。

汉语国际教育是国家软实力建设的一个有机组成部分，其从国家汉语推广战略演进而来。汉语国际教育的目的在于汉语传播和中国文化在世界范围内的相互交流，但作为一项国家事业，这一活动本身具有明显的主体、客体之分。将前述"海外"一词还原到本研究所探讨的汉语国际教育主题中，因为这一活动是由中国（国家汉办／孔子学院、具备汉语国际教育资格的机构及高等学校）来发起的，故其施教主体即中国，所以在这里，"海外"指的是非中国区域。以此类推，汉语国际教育定义中的"面向海外"就等同于"面向世界范围内的非中国区域"。进一步来看，汉语国际教育中的"海外"一词是用来修饰"母语非汉语者"的，其展开的全部含义为"海外母语非汉语者"，即它是面向非中国区域的母语非汉语者（有别于国内的双语教学），不包括中国区域内的母语非汉语者。

基于前文对汉语国际教育现有释义的展开阐述，围绕活动发起主体（施教主体）、活动发生地（活动地点）、活动指向对象（施教对象）、教学材料四个维度，可对汉语国际教育的现有释义进行相应理解（图1-1）。

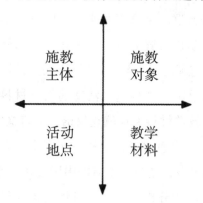

图 1-1　汉语国际教育现有释义展开的四个基本维度

第一个维度，汉语国际教育的活动发起主体（施教主体）是谁？因为汉语国际教育是面向海外母语非汉语者进行的，因此这一活动的发起主体是汉语教学资源的持有者，是汉语国际教育活动的组织者、设计者、实施者。往大处讲，汉语国际教育是一项国家事业，其组织者、设计者、实施者是国家（中国）；往小处讲，汉语国际教育是一种汉语（文）的教学，其组织者、设计者、实施者是课堂上的汉语教师（汉语掌握者）。而本研究以探讨高等教育领域内的汉语国际教育为主，故汉语国际教育的组织者、设计者、实施者更多地应从教育组织实体方面加以理解，如高等学校、孔子学院（孔子课堂）及其他正规的汉语教学组织等。

第二个维度，汉语国际教育的活动发生地（活动地点）在哪儿？汉语国际教育强调的是对海外的母语非汉语者进行教学，并未对活动发生地作出特别规定，故汉语国际教育的活动发生地既可以是中国，也可以是非中国的地域。只要是面向海外母语非汉语者进行的汉语教学，无论活动发生地是否在中国，都属于汉语国际教育的范畴。从这个意义来看，无论是把外国人"请进来"学习汉语，还是主动"走出去"教外国人学习汉语，都属于汉语国际教育。

第三个维度，汉语国际教育的活动指向对象（施教对象）是谁？汉语国际教育针对海外母语非汉语者进行，因此其活动指向对象是非中国国籍的母语非汉语的人群。结合现实来看，国务院学位委员会关于《汉语国际教育硕士专业学位设置方案》中表述的"海外母语非汉语者"的释义，其主要是为了与国内对少数民族所进行的双语教学区分开。

第四个维度，汉语国际教育这一活动的教学材料是什么？汉语国际教育强调汉语教学，教学材料无疑就是汉语。语言文字作为文化的载体，是实现文化教育和文化传递的工具。从更深层次来看，汉语国际教育的教学材料不仅指汉语本身，还包括丰富的中国文化、中华文明。

综合以上四个维度的分析及理解，可将汉语国际教育理解为一种特殊的以汉语教学组织实施者为施教主体、以海外母语非汉语者为施教对象、以汉语（文）为教学材料的教学活动。

二、汉语国际教育特征

（一）教育对象的特殊性

汉语国际教育针对"海外母语非汉语者"开展，其学习对象是外国人，这与人们通常所说的其他教育存在明显差别。这一方面与国家发展汉语国际教育的目的有关；另一方面体现了汉语国际教育"走出去"推广中国文化、传播中华文明的价值导向。汉语国际教育对象的特殊性正是由此产生的。不仅如此，具体到高等学校一个班级、孔子学院一个班级的汉语国际教育来看，其施教对象的年龄差异、学习动机差异、原有的知识水平差异、学习心理差异等普遍存在。例如，有的学习者是小学生、家庭主妇，他们没有汉语基础，因喜欢汉语而接受汉语国际教育；有的学习者是跨国企业或国际商贸领域的从业者，他们有一定的汉语基础，出于提升汉语交际能力的需要前来学习；有的学习者是中国文化研究者，因对中国文化感兴趣而接受汉语国际教育；等等。从总体上来看，与人们通常所说的某一类教育相比，汉语国际教育在教育对象上既有国籍、母语等方面的特殊性，也有年龄跨度、从业领域等方面的特殊性。

（二）教育内容的丰富性

汉语国际教育并不是简单地教汉语，而是借助语言这一文化载体传播中华文明。从深层次来看，汉语国际教育其实是汉语（文）国际教育，是一种文化的传输，所以汉语国际教育在内容上不仅仅是语言（以及构成语言的文字）的基本的听、说、读、写，还包括传统中国文化的书法艺术、剪纸艺术、戏曲表演、历史常识、文化简史等内容。不仅如此，从广义上来看，汉语国际教育还包含对外汉语人才培养、汉语国际教育师资养成等多方面内容。这些汉语国际教育既有专业知识的教育，也有专业教学的教育，其中包含了汉语国际教育教学方法训练、教学内容选择、教学组织实践、教学模式改进等多方面的教育内容。

（三）教育形式的多样性

汉语国际教育为学习者提供了多样的教学内容选择，使那些处于不同年龄层次、具有不同学历水平和不同学习需求的人都可以在其中找到自己所需的学习内容。丰富的教育内容背后，是汉语国际教育形式的多样化。例如，远程教育形式的汉语国际教育可以让学习者抛开时间、空间的限制，依靠现代信息技术完成汉语学习；机构培训的汉语国际教育可以让学习者在正规学校教育之外，自由灵活地选择进入不同的汉语学习群体进行汉语学习；还有高校汉语国际教育（如来华留学生汉语教学、对外汉语教学专业人才培养等）、孔子学院（孔子课堂）组织实施的汉语国际教育等多种不同的形式，可以让学习者更好地学习汉语。

（四）教育层次的丰富性

汉语及其所承载的中国文化是汉语国际教育的核心内容。无论是构成语言的字、词、句，还是由文字所组成的文章，乃至语言自身所承载的语言艺术、书法艺术等都是文化的重要组成部分。就中国文化而言，书法艺术、经典名著、诗词歌赋、人文历史等都是文化的重要组成部分。在汉语国际教育中，不同的学习者在学习心理、学习动机、知识背景等方面均有差异，故其所选择的学习内容也就各不相同，而不同的教学内容，其学习层次又是不同的，如学历教育的汉语国际教育、非学历教育的汉语国际教育、小学阶段的汉语国际教育、中学阶段的汉语国际教育、本科阶段的汉语国际教育、研究生阶段的汉语国际教育等。

（五）教育属性的多元性

就字面含义而言，汉语国际教育就是将汉语（文）扩展到国际范围内来进行，将其放置在国家汉语国际推广的战略背景下，还原这一提法的本义，汉语国际教育无疑具有国家事业的意义；而从实践层面来看，汉语国际教育还具有教学的含义。如果想让汉语国际教育走向长远发展，那么专业化、学科化将是其不容回避的路径选择。因此，汉语国际教育还具有学科（或未能上升到学科，属于具体人才培养单位的专业，属于一个特定的研究领域）的含义。

1. 事业

汉语国际教育除具有教学、学科的基本属性之外，还是一项国家的汉语国际推广事业。教育部等部门明确提到，要进一步明确中央部门和地方政府的职责，外交部负责相关外事政策的指导，并要求驻外使馆加强汉语国际推广工作，商务部负责组织实施在我国出口商品上增加汉字标签和说明，在调研的基础上抓紧确定出口商品范围和重点出口企业，利用援外经费支持汉语国际推广工作……国家广电总局负责指导CCTV-4、CCTV-9等频道在现有汉语教学系列节目时段和内容上的进一步优化服务，指导国际广播电台充分发挥其播出语种多、覆盖面广等优势，增加汉语节目的播出数量和提高汉语节目的质量，利用分布于世界各国的多个听众俱乐部开展汉语教学和考试。可见，人们今天所说的汉语国际教育，其在概念的源头上并不仅限于一般意义上所说的教育，而是一项集政策性、政治性和策略性于一体的国家事业。

2. 教学

汉语国际教育的本义是指以汉语（文）为基础，针对"海外母语非汉语者"的汉语教学。在一般意义上来讲，教学是教师将知识、技能传授给学生的过程。这个教学过程从大的方面来看，涉及总体设计、教材编写、教学实施和考试评价四个方面。汉语国际教育作为一种以汉语为基础的教学活动，归根结底是要根据教学活动自身的特点和规律，做好汉语国际教育（作为一种具体的语言教学活动）的总体设计，即明确汉语国际教育这一语言教学活动的教学目标、教学内容、教学组织形式；确定汉语国际教育的教材编写和选用；以讲授法、活动法等不同的教学方法开展汉语国际教育的教学工作；对一定时期、一定组织内的汉语国际教育教学效果进行评价，尤其是对学生的学习效果进行评价等。以此展开，就需要明确汉语国际教育的类型、层次、组织形式，进而对不同类型、不同层次、不同组织形式的汉语国际教育制定不同的总体设计，编写或选用不同的教材，进行不同的教学实施、实行不同的考试评价等。例如，对于高等学校的来华留学生教育，可以依据学历教育或者非学历教育的语言培训制定不同的培养目标，确定不同的修业水平和修业年限；对于孔子学院或者孔子课堂一类的汉语国际教育，应依据不同国家的具体情况，在修业年限、教材选用、教学实施等方面作出因地制宜的调整。

从当前的汉语国际教育教学实践来看，不仅有汉语言培训教学——短期的汉语识字、汉语言应用教学、汉语预备教学，还有汉语言的本科教学——高等学校的汉语（文）专业教育及汉语言专业下多种方向的教学；不仅有一般的进修学习，还有强化教学；不仅有一般的汉语教学，还有职业汉语教学，如商务汉语、旅游汉语、医学汉语等；不仅有低层次的汉语学习，还有高层次的汉语（文）研究；不仅有班级授课制的汉语国际教育，还有一对一的汉语教学辅导；等等。

3.学科

学科，简单来说，就是学术的分类。同时，学科还指高校教学、科研等的功能单位，是对高校人才培养、教师教学、科研业务隶属范围的相对界定。通常，在高等学校成为一门学科的基本标志是有独立的名称，有专门的研究领域，在高等学校开设专业培养人才，有专门的研究人员和理论基础。从汉语国际教育的学科属性来看，虽然其起步较晚，但在2008 年，国务院学位委员会将汉语国际教育列为中国语言文学下的二级学科。当然，从实际情况来看，汉语国际教育在一些基本问题的认识、学科体系和理论框架的构建上还有需要改进的地方。

作为一门学科，对外汉语教学不仅包括教学，还包括与教学密切相关的理论研究和系统研究。这种研究的内容不仅仅包括教学中出现的各种现象，还包括对外汉语教学中的一般原则、方法和规律。汉语国际教育在一定程度上是由对外汉语教学发展而来的，通常通过高等教育领域内的专门知识分类而展开。在现有认识下，学界将对外汉语教学的基础学科确定为语言学、心理学和教育学，并以语言学理论、心理学理论和教育学理论作为对外汉语教学的基本理论。在这种理解下，围绕汉语国际教育和对外汉语教学的关系及汉语国际教育固有的特殊性展开，汉语国际教育的学科基础除语言学、心理学、教育学之外，还应包括传播学、跨文化交际学、神经生理学等内容。第一，汉语国际教育虽然以传播中国文化、传扬中华文明为核心，但其载体仍旧是汉语这一基本语言；第二，汉语国际教育往大处说是达成国家汉语国际教育推广战略的具体手段，是一种文化的传播和输出，因此还涉及传播学的内容；第三，汉语国际教育往小处说是一种语言教学，涉及教学心理、教师心理、学生心理、学习心理、文化心理等诸多内容，因此还涉及教育学、心理学的内容。在这三个学科中，语言学重点研究"教什么""如何学""怎么教"这三个问题，以及三者之间的相互关系。

事实上，学科和教学既有区别又有密切联系。通过系统研究，我们才能认清应该对学习者教什么，了解学习者按什么顺序习得语言项目，用什么策略学习语言知识、掌握交际技能，明白用什么教学方法、教学顺序、教学手段才能取得更好的教学效果。只有这些研究有了阶段性成果，才可能促使教学有阶段性的进展。

三、汉语国际教育类型

（一）基于施教主体角度的分类

从施教主体的角度来看，汉语国际教育可分为职能型汉语国际教育和授权型汉语国际教育。所谓职能型汉语国际教育，即按照组织机构自身的职能延伸而进行的汉语国际教育，典型的如以高等学校为主体进行的汉语国际教育及相关学校组织的各类对外汉语教学；所谓授权型汉语国际教育，即某一组织机构通过国家授权而开展的汉语国际教育，典型的如孔子学院、孔子课堂及相关汉语培训机构实施的汉语国际教育。这些机构是由国家依据汉语国际推广的需要而设立并被授权开展汉语国际教育活动的。

1.职能型汉语国际教育

人才培养是学校的一项重要职能，其有不同的规格、层次和类型。在现代社会，国际学术交流、开放培养人才，既是各类学校发展的重要途径，也是学校职能的有效拓展方式。汉语国际教育作为一种人才培养活动，从一般意义上来看，它更多的是高等学校在人才培养具体类型上的延伸。当然，由于汉语国际教育的特殊性（与对外汉语一样属于控制设置专业），尤其是学科知识和学科基础发展得相对不完备，国内高校在开办这一专业时更多地需要依资质进行申请（汉语国际教育虽然在 2008 年成为中国语言文学下设的二级学科，但并不面向本科阶段办学，仅有在研究生阶段招生的汉语国际教育硕士，且在 2010 年汉语国际教育硕士被明确定位为专业学位教育，与学术型硕士迥然不同）。国家汉办首批确定了 24 所高校为开设汉语国际教育硕士专业学位教育的院校，其目的是通过汉语国际教育硕士专业学位教育，为开展对外汉语教学培养人才和师资。

2.授权型汉语国际教育

孔子学院的汉语国际教育是典型的授权型汉语国际教育，这一组织机构是因国家汉语国际推广需要而设立的，国家授权其在海外开展汉语国际教育。孔子学院又名孔子学堂（Confucius Institute），它并非一般意义上的大学，而是以开展汉语教学为主要活动内容的中国语言文化推广机构。严格来说，孔子学院是一个非营利性的社会公益机构，一般设在国外的大学和研究院之类的教育机构中，其重要的一项工作就是给世界各地的汉语学习者提供规范的现代汉语教材，提供最正规、最主要的汉语教学渠道。

　　孔子学院的管理和协调机构是孔子学院总部（Confucius Institute Headquarters），境外的孔子学院都是其分支机构，主要采用中外合作的形式开办。孔子学院致力于满足世界各国（地区）人们对汉语学习的需要，增进世界各国（地区）人们对中国语言文化的了解，加强中国与世界各国（地区）文化的交流与合作，发展中国与世界各国（地区）的友好关系，促进世界多元文化发展，构建和谐世界。孔子学院的设立方式有三种，即国内外机构合作、总部授权特许经营、总部直接投资。当然，并不是所有的孔子学院、孔子课堂都需要由中国政府创办或者由中国政府与国外机构合办，也并不是所有的孔子学院、孔子课堂都是中国政府的主体行为。《孔子学院章程》第九条明确规定："中国境外具有从事语言教学和教育文化交流活动能力且符合本章程规定申办者条件的法人机构，可以向孔子学院总部申办孔子学院。"

（二）基于受教主体角度的分类

　　1.面向非中国国籍人群所进行的汉语国际教育

　　面向非中国国籍人群所进行的汉语国际教育，即面向不是中国国籍的母语非汉语者所开展的汉语国际教育。在当前的汉语国际教育中，面向海外设立的孔子学院和孔子课堂组织所实施的汉语国际教育就属于这种类型。从施教对象来看，无论是孔子学院还是孔子课堂，其针对的人群大多是国外非中国国籍的汉语学习者。当然，我们也应该看到，在孔子学院和孔子课堂中不排除存在个别的具有中国国籍的汉语学习者。

　　2.面向中国国籍人群所进行的汉语国际教育

　　面向中国国籍人群所进行的汉语国际教育，典型的如汉语国际教育硕士专业学位教育、对外汉语教学专业教育，以及对已取得中国国籍的母语非汉语者所进行的汉语教学等。从汉语国际教育硕士专业学位教育来看，其教育对象更多的是那些已取得学士学位、有志于继续从事汉语国际教育的中国人；从对外汉语专业教育来看，其大多数面向的是中国学生招生，旨在培养汉语国际教育师资。此外，在当前的汉语国际教育中还存在一部分因工作、婚姻而取得中国国籍的母语非汉语的外国人，他们出于提升汉语交际能力和增强中国文化理解能力的需要，进入大学课堂或孔子学院、孔子课堂接受汉语学习，这也属于汉语国际教育。

（三）基于活动发生地的分类

汉语国际教育是一种面向海外母语非汉语者的汉语教学活动，其强调的是海外母语非汉语者这一施教对象。整个汉语国际教育的运作，既可以在中国区域内进行，也可以在非中国区域内进行。故从活动的发生地来看，汉语国际教育又可分为在中国区域内进行的汉语国际教育和在非中国区域内进行的汉语国际教育。

1. 在中国区域内进行的汉语国际教育

在中国区域内进行的汉语国际教育，如当前国内高校中普遍存在对来华留学生进行的汉语（文）教学活动。当然，严格来说，除高校外，在中国区域内还存在以汉语语言培训机构、各类留学机构为主体对海外母语非汉语者进行的汉语教学活动。

2. 在非中国区域内进行的汉语国际教育

在非中国区域内进行的汉语国际教育，如当前世界范围内的各类孔子学院和孔子课堂，即只要是活动发生地在非中国区域内，具备汉语国际教育基本构成要素的汉语教学活动都可以归入此列。显然，这种分类与前面提到的基于施教主体的汉语国际教育分类在一定程度上具有相似性，但区别两者的核心之处在于前者着重考察活动由谁发起，而后者着重考察活动在何处发生。

第二节 硕士研究生教育国际化历程

一、中国研究生教育国际交流合作：从"走出去"到"请进来"

教育对外开放是我国改革开放事业的重要组成部分。中国研究生教育国际化发展的第一个阶段是改革开放起步阶段（1978—1985 年），顺应国家改革开放的方针政策，推动研究生教育的改革开放是这一时期研究生教育国际化的主要背景和原因。1978 年 12 月，中国共产党第十一届中央委员会第三次全体会议作出了改革开放的重大决策，确立了以经济建设为中心的基本国策，开始了中国特色社会主义道路的探索。1978 年，我国恢复研究生教育，也迎来了研究生教育国际合作的大发展时期。

（一）研究生留学教育发展历程

邓小平同志关于留学工作的指示，是改革开放后高等教育对外开放合作的里程碑，拉开了我国新时期研究生教育国际合作的序幕，具有划时代的重要意义。1978 年 6 月 23 日，邓小平同志在听取教育部关于清华大学工作汇报时，作出了扩大派遣留学生的重要指示。他指出："我赞成留学生的数量增大，主要搞自然科学""要成千成万地派，不是只派十个八个""要千方百计加快步伐，路子要越走越宽""教育部要有一个专管留学生的班子"。1978 年确定的国家公派出国留学生的具体政策是"突出重点、统筹兼顾、保证质量、力争多派"。同年 7 月 11 日，教育部向中央上报了《关于加大选派留学生数量的报告》，并制订了 3 000 人的派遣计划，确定了派出人员以进修生和研究生为主，也有一定数量的本科生。1979 年，邓小平同志访问美国，并同美国正式签订了中美互派留学生的协议。

中央和教育部门颁布的关于留学工作的系列文件，标志着我国留学工作开始进入法治化、制度化、规范化的调整阶段。1986年，原国家教育委员会起草了《国家教育委员会关于出国留学人员工作的若干暂行规定》，这是我国第一个全面、系统、公开发布的关于出国留学工作的文件，其内容包含出国留学工作的指导原则、组织管理，以及公派出国留学人员的选派，从事国外"博士后"研究或实习，公派出国留学人员回国休假及其配偶出国探亲和自费留学等方面的政策。根据这一文件，之后一年，国务院还出台了与公派留学问题有关的5项管理细则。1989年，国家将留学政策调整为"按需派遣，保证质量，学用一致"。此后，党和国家把出国留学的派出与回国统筹兼顾、并重推进，1992年8月确定"支持留学、鼓励回国、来去自由"的留学政策，中国共产党第十四次全国代表大会和中国共产党第十五次全国代表大会也都强调"鼓励留学人员回国工作或以适当方式为祖国服务"。

从2003年开始，国家公派研究生出国留学进入层次和质量都提高的阶段。为配合科教兴国和人才强国战略及《国家中长期科学和技术发展规划纲要（2006—2020年）》的实施，满足建设创新型国家对人才的战略要求，教育部和留学基金委员会于2007年设立了"国家建设高水平大学公派研究生项目"，连续5年面向国家的高水平大学选出5 000名优秀学生，到国外一流的院校、专业，师从一流的导师留学交流。该项目开启了研究生教育走向国际化的新纪元，同时使高层次人才的培养和创新团队、基地平台建设及重大科研项目的实施有机结合，提高了研究生培养机构在教学与科研方面的综合竞争能力，也为研究生教育，特别是博士研究生教育质量的提高创造了有效途径。"国家建设高水平大学公派研究生项目"为硕士研究生和博士研究生的国际联合培养提供了强有力的经费和政策支持，也促进了国内各高校对研究生国际合作培养的重视，并提升了参与度。

随着经济的快速发展和科技全球化的快速推进，国家面对激烈的竞争，亟须提高教育国际化水平，培养大批具有国际交往能力、专业知识丰富的全球化人才。2010年，《国家中长期教育改革和发展规划纲要（2010—2020年）》颁布，其中第十六章专门论述了"扩大教育开放"，指出"加强国际交流与合作。坚持以开放促改革、促发展。开展多层次、宽领域的教育交流与合作，提高我国教育国际化水平"。这是21世纪我国颁布的首部国家教育中长期规划纲要，是我国教育事业国际合作与发展历史上的又一座新的里程碑，标志着我国研究生教育国际合作向更深层次和更高质量方向发展。此后，国家加强了对紧缺型人才的培养。通过国际组织实习项目，我国在国际组织人才培养上取得了重要进展。2015年，首次成规模面向联合国教科文组织选派实习人员，4人被联合国教科文组织、联合国国际法庭录用；4人被联合国教科文总部破例延长实习期限。与联合国教科文组织（UNESCO）、国际民航组织（ICAO）、联合国难民署（UNHCR）、国际电信联盟（ITU）和联合国粮农组织（FAO）签署合作协议。通过国际区域问题研究及外语高层次人才培养项目，派出外语非通用语种人才3 454人，先后为9个国内空白语种培养了师资人才。共派出国别与区域问题研究人才1 207人，涉及60个国家，其中35个为"一带一路"沿线国家，精准支持了教育部42个国别区域研究基地建设。

中国共产党第十八次全国代表大会以来，以习近平同志为核心的党中央对出国留学工作作出一系列重要部署。2013年10月，习近平同志在欧美同学会成立100周年庆祝大会上提出了"支持留学、鼓励回国、来去自由、发挥作用"的新时期留学人员工作方针。2014年，全国留学工作会议从社会人才战略、外交人才战略、国家形象战略的高度，对留学事业作出了总体谋划。习近平强调，新形势下留学工作要适应国家发展大势及党和国家工作大局，统筹谋划出国留学和来华留学，综合运用国际国内两种资源，培养造就更多优秀人才，努力开创留学工作新局面。2015年，教育部等五部门联合发布《2015—2017年留学工作行动计划》。2016年，中共中央办公厅和国务院办公厅颁布实施《关于做好新时期教育对外开放工作的若干意见》，提出"加快留学事业发展"。

1978—2017 年，我国留学事业取得了令人瞩目的成绩，为社会主义现代化建设做出了重要贡献。这一时期，各类出国留学人员累计已达 519.49 万人，其中 2017 年我国出国留学人数首次突破 60 万大关，达 60.84 万人，同年留学人员回国人数较上一年增长 11.19%，达 48.09 万人，其中获得硕博研究生学历及博士后出站人员达到 22.74 万人。2019 年，我国出国留学人数超过 70 万人，学成回国留学人员超出 58 万人。

（二）国际留学生教育发展历程

改革开放之初，囿于自身条件，我国高校没有招收国际留学生。1983 年 10 月 1 日，邓小平为北京景山学校题词："教育要面向现代化，面向世界，面向未来。"这为新时期我国教育体制的改革和发展指明了方向。

1991 年，为了促进我国高等教育的国际交流与合作，保证我国普通高等学校授予来华留学生学士、硕士和博士学位的质量，决定在部分普通高等学校试行《关于普通高等学校授予来华留学生我国学位试行办法》，该文件明确规定了授予研究生学位的要求和程序，初步规范了来华留学研究生教育学位授予工作。1992 年，原国家教育委员会颁布《接受外国来华留学研究生试行办法》，对接受国外留学研究生的院校及学科、专业、申请资格和办法等都作了详细规定。同年，中国共产党第十四届中央委员会第三次全体会议确立了"支持留学、鼓励回国、来去自由"的留学总方针。1995 年，《教育部关于颁发〈外国来华留学生经费管理办法〉的通知》（已失效）指出，凡享受我国政府全额奖学金的留学生，在华学习期间，由所在学校发给每人一定数额的生活费，用于支付留学生伙食费用及日常生活的零星开支。在华学习时间满一学年的学生第一个月加发一个月的生活费，不满一学年的第一个月加发半个月的生活费，作为安置和冬装补助费用等。1996 年，国家设立了"国家留学基金管理委员会"（以下简称国家留学基金委），重点调整和完善了国家公派留学的政策。国家留学基金委的成立及职能发挥为规范我国研究生教育国际合作工作提供了组织机构保障，促进了我国研究生教育国际合作走上制度化的轨道。2000 年，教育部发布了《高等学校接受外国留学生管理规定》，提出了高等学校接受和培养外国留学生的工作应当遵循的方针，并从管理体制，外国留学生的类别、招生和录取，奖学金制度，教学管理等方面对来华留学生工作予以规范管理。同年，教育部颁布了《中国政府奖学金年度评审办法》，推动了外国留学生奖学金一年一次评审工作走向规范化。2001 年，国家留学基金委第六次全体委员会议确定了吸引外国学生来我国留学的方针，提出要在提高层次、保证质量、注重效益方面加大工作力度。随后，来华留学研究生规模有了较大发展。据教育部网站消息，2018 年共有来自 196 个国家和地区的 492 185 名各类外国留学人员在全国 31 个省（区、市）的 1 004 所高等院校学习，比 2017 年增加了 3 013 人，增长比例为 0.62%。2021 年来华留学生数量为 21 万人，2022 年来华留学生人数约 44 万人。据《中国研究生》2021 年 10 月刊消息，2021 年全国硕士研究生录取人数为 106.2 万人，其中硕士专业学位录取人数为 65.7 万人，占比 61.9%。教育部发布的《2022 年全国教育事业发展统计公报》显示，2022 年全国共招收研究生 124.25 万人，比上年增长 5.61%。其中，招收博士研究生 13.90 万人、硕士研究生 110.35 万人。在学研究生 365.36 万人，比上年增长 9.64%。其中，在学博士研究生 55.61 万人、在学硕士研究生 309.75 万人。

（三）吸引和鼓励留学人才回流的历程

20 世纪 80 年代中期以前，我国的研究生教育国际合作主要是公派出国攻读学位，如果从教育国际服务贸易的角度来讲，基本属于单向进口，很少有教育服务的出口。而且，随着公派留学人数规模的不断扩大，部分留学人员逾期不归、人才外流、留学效益不高等问题也日益凸显，并引起了各方面的关注，亟须出台一套相应的政策规范来调整出国留学事务。可以说，通过各种制度政策吸引海外人才和留学人才归国服务是这一时期研究生教育国际化相关政策调整的动因所在。国家在"支持留学、鼓励回国、来去自由"的政策下，设立了"春晖计划""中国留学人员回国创业启动支持计划"等项目。其中，"中国留学人员回国创业启动支持计划"即每年在全国范围内遴选一批创新能力强、发展潜力大、市场前景好的留学回国人员创办的企业，在创业启动阶段予以重点支持，以加快其科技成果转化，实现企业快速发展。对于经人力资源社会保障部审批确定的重点创业项目，一次性给予创业支持资金 50 万元；对于确定的优秀创业项目，一次性给予创业支持资金 20 万元。相关地方应给予相应配套资金支持。回国创办企业的留学人员按有关规定享受相应的税收优惠政策。2011 年归国的留学生达到 18.62 万人，比 2010 年多 5.13 万人。

鼓励和支持留学人员回国的政策不断完善，从中央政府部门设立的"春晖计划"和"春晖杯"中国留学人员创新创业大赛、"留学回国人员科研启动基金"、"留学人员创业园"，到各地方的留学人才回国支持计划，北京、广州、辽宁、南京等地的留学人员回国创业周和交流会等活动，都为留学人员回国发展提供了广阔的平台。归国留学人员在我国社会主义现代化建设中发挥着重要作用，这些人员不仅在引领高新科技经济发展和"双创"领域表现突出，而且在从政、参政、议政及慈善和社会发展等多方面都有着优异的表现。2012 年，我国开始推出"国家高层次人才特殊支持计划"。这一计划准备用 10 年左右时间，遴选支持 1 万名左右高层次人才。该计划包括三个层次七类人才。第一层次 100 名"杰出人才"，即研究方向处于世界科技前沿领域，基础学科、基础研究有重大发现，具有成长为世界级科学家的潜力，能够坚持全职潜心研究的人才，重视遴选中青年杰出人才。第二层次 8 000 名"领军人才"，其中"科技创新领军人才" 3 000 名，即在国家中长期科学和技术发展规划确立的重点方向，主持重大科研任务、领衔高层次创新团队、领导国家级创新基地和重点学科建设的科技人才和科研管理人才，其研究工作具有重大创新性和发展前景，以 50 周岁以下中青年人才为主；"科技创业领军人才"2 000 名，即运用自主知识产权创建科技企业的科技人才，或具有卓越经营管理才能的高级管理人才，其创业项目符合我国战略性新兴产业发展方向并处于领先地位，以近 5 年内创办企业的主要创始人为主；"哲学社会科学领军人才"1 000 名，即坚持中国特色社会主义方向，拥护党的路线、方针、政策，在哲学社会科学重点领域，主持重大课题任务、领导重点学科建设的专业人才和科研管理人才，其研究成果有重要创新和重大影响；"教学名师"1 000 名，即长期从事一线教学工作，对培养优秀青少年有突出贡献，对教育思想和教学方法有重要创新，为人师表，师德高尚，在教育领域和全社会享有较高声望的人才；"百千万工程领军人才"1 000 名，即 50 周岁以下，潜心基础研究，揭示自然规律和社会发展规律，为社会提供新知识、新原理、新方法，引导基础理论原始创新，对基础学科发展具有重要推动作用的人才。第三层次 2 000 名"青年拔尖人才"，35 周岁以下，具有特别优秀的科学研究和技术创新潜能，课题研究方向和技术路线有重要创新前景。国家会给予特殊支持，如为"国家高层次人才特殊支持计划"杰出人才和科技创新领军人才、哲学社会科学领军人才、百千万工程领军人才、教学名师安排每人不高于 100 万元的特殊支持，用于自主选题研究、人才培养和团队建设等。

国家自 2008 年起实施海外高层次人才引进计划，清华大学、北京大学引进了诺贝尔物理学奖获得者杨振宁教授，应用数学家林家翘教授，计算机科学家、"图灵奖"获得者姚期智教授，数学家田刚教授，以及生命科学领域学者施一公教授等。2021 年，日本千叶大学教授桥本研也签约电子科技大学，以全职方式引进，担任电子科技大学电子科学与工程学院教授；英国格拉斯哥大学研究员刘四明签约西南交通大学，以全职方式引进，担任西南交通大学物理科学与技术学院教授。

二、中国研究生教育国际交流合作的成就

（一）学历学位互认

2003 年 3 月，国家出台了《中华人民共和国中外合作办学条例》，明确了"扩大开放、规范办学、依法管理、促进发展"的中外合作办学的政策方针，促进了国内外合作办学的发展。2004 年 6 月，国家发布了《中华人民共和国中外合作办学条例实施办法》，进一步完善了国内外合作办学的制度建设。国内许多著名大学与国际一流大学开展了双学位联合培养项目。双方互派研究生到对方学校学习，学生在完成学业后可获得中外高校双学位。例如，被德国主流媒体称为中德联合培养高层次人才先驱的上海交通大学与德国柏林工业大学联合培养硕士研究生项目。1983 年，两校通过教授互访、举办双边学术会议等方式开始建立密切联系；2003 年，两校签署了联合办学合作协议。目前，研究生参加国际学术会议、海外暑期学校、海外实习等研究生教育国际合作模式也获得了蓬勃发展，这些都拓展了我国研究生教育国际合作的深度和广度。

（二）中外合作办学

高校境外办学主要有三种形式：一是中方高校海外独立办学，如厦门大学马来西亚分校、北京大学汇丰商学院英国校区、老挝苏州大学等；二是中外高校联合办学，由中方高校与境外教育机构合作，学生短期在华学习，大部分时间在海外学习，如清华大学全球创新学院、北京师范大学—卡迪夫大学中文学院、大连海事大学斯里兰卡分校等；三是境外政府、企业（包括中方企业）以及其他机构。组织提供办学所需条件，中方高校实施相对独立办学如北京语言大学东京学院等。

（三）丰富的教育国际交流模式

研究生国际联合培养、参加国际学术会议、学术交流等模式，都是我国研究生教育领域国际交流的模式，有利于引进国外先进的教学理念、教学目标、教学手段等，进而有利于推动我国研究生教育国际化的发展。联合培养研究生的模式包括"1+1"两年学制、"1+2"三年学制、"3+2"五年学制及"4+2"本硕连读模式。自1993年开始，我国研究生每年以访学、科研合作、参加国际学术会议等多种形式出国访问的人数逐年增加，通过校际协议、合作办学、国家留学基金委的各类公派留学项目、国外相关机构和组织的奖学金和科研基金等各种渠道参加联合培养项目及出国继续攻读学位的研究生数量每年也稳步增长。

国家公派出国留学国际影响力提升。国际知名大学和科研机构纷纷与国家留学基金委签约。国家留学基金委先后与联合国教科文组织等国际组织和哈佛大学、耶鲁大学、麻省理工学院、牛津大学、剑桥大学等新签、续签了126份合作协议，为国家公派留学人员进入国际组织和世界一流教育科研机构交流学习搭建了平台。优先资助学科、专业领域主要为《国家中长期人才发展规划纲要（2010—2020年）》确定的经济和社会发展重点领域、重大专项、前沿技术、基础研究、人文与社会科学领域，以及其他国家战略和重要行业发展亟须领域。

（四）国际产学研用合作

科技和教育合作是国际区域合作推动经济社会发展的重要内容，其中产学研用合作是教育产学研用的重要模式，结合产业发展"走出去"是重要的路径。以对俄合作为例，我国在国际产学研用方面推进了以下政策。一是推进共建"一带一路"国家与欧亚经济联盟精准对接，聚焦白俄罗斯、俄罗斯、乌克兰等国的科技优势领域，努力开创产学研用国际合作新局面。二是和国际科技前沿动态与战略方向精准对接，探讨新技术与人类社会发展走向。三是和区域主导产业精准对接。比如，江西是航空大省，是我国重要的新材料研发生产基地；黑龙江省具有与俄罗斯开展国际合作交流的地缘优势、产业优势、人文优势，合作基础坚实。我国与白俄罗斯、俄罗斯、乌克兰在航空航天、新材料等战略性新技术领域共建研究基地、工业园等实体性合作机构，为推动全球科技创新与教育变革做出了重要贡献，而新材料、人工智能与航空航天等战略性新技术的产学研用，成为俄罗斯等国与我国高校交流与合作的优先领域，同时促进了两国的教育交流。

第三节　汉语国际教育硕士研究生培养

一、汉语国际教育硕士研究生培养的历程

（一）初创阶段（2007—2010 年）

随着海外学习汉语人数的不断增加、海外孔子学院和孔子课堂的发展，对外汉语学术硕士较难满足海外对汉语专业教师的需求，急需改革和完善国际汉语教学专门人才培养体系，培养适应汉语国际推广新形势需要的海外汉语教师。国务院学位委员会于 2006 年 10 月 18 日在北京召开第一次有关汉语国际教育硕士专业学位设立的论证会，将设立汉语国际教育硕士专业学位事宜提上了日程。2007 年 1 月 24 日，国务院学位委员会第二十三次会议通过决议同意设置汉语国际教育硕士专业学位。同年 3 月 30 日，《汉语国际教育硕士专业学位设置方案》出台。2007 年 5 月 31 日，国务院学位委员会办公室下达《关于开展汉语国际教育硕士专业学位教育试点工作和推荐全国汉语国际教育硕士专业学位指导委员会委员人选的通知》，批准中国人民大学、北京大学、北京师范大学、北京外国语大学、首都师范大学、北京语言大学、吉林大学、南开大学、黑

龙江大学、东北师范大学、复旦大学、云南师范大学、武汉大学、华东师范大学、华中师范大学、上海外国语大学、南京大学、浙江大学、南京师范大学、山东大学、暨南大学、华中科技大学、四川大学、中山大学 24 所研究生培养单位开展汉语国际教育硕士专业学位教育试点工作。

2007 年 9 月 18 日，国务院学位委员会办公室在北京召开全国汉语国际教育硕士专业学位教育指导委员会成立大会，汉语国际教育硕士培养工作有了专门指导。2007 年 10 月 31 日，国家汉办颁布了《国际汉语教师标准》，该标准的颁布使汉语国际教育硕士培养有了依据和目标。2007 年 11 月 2 日，汉语教学及教师培养国际讲习班于上海举行。2007 年 12 月 10 日，《汉语国际教育硕士专业学位研究生指导性培养方案》颁布，在该方案指导下，各汉语国际教育硕士专业学位研究生培养单位开展汉语国际教育硕士培养工作。

2008 年 5 月，汉语国际教育硕士专业学位研究生培养试点院校工作会议在北京召开，会中讨论了两个重要文件：一是汉语国际教育硕士专业学位 5 门必修课程说明；二是《汉语国际教育硕士专业学位研究生培养试点单位教学基本要求》。该会议为新专业人才培养工作作出了进一步指导。2009 年 6 月 9 日，国务院学位委员会办公室下达《关于批准新增法律硕士等类别专业学位研究生培养单位的通知》（学位办〔2009〕35号），批准中国传媒大学、中央民族大学等 39 所院校新增为专业学位培养单位，扩大了汉语国际教育专业招生院校。截至 2009 年底，全国共有 63 所汉语国际教育硕士专业学位研究生培养院校范围。2010 年 9 月 2 日，国务院学位委员会办公室下发《关于下达 2010 年新增硕士专业学位授权点的通知》（学位办〔2010〕32 号），批准清华大学、云南民族大学等 19 所院校为新增汉语国际教育硕士专业学位授权点。

（二）探索阶段（2011 年至今）

2011 年以后，汉语国际教育硕士专业学位研究生教育进入了探索阶段。81 所（清华大学未招生）培养单位积极摸索和优化汉语国际教育硕士学位研究生教育培养模式，国家汉办、学位办、教指委等领导机构不断关注、指导和推进该专业的健康发展。汉语国际教育硕士专业学位研究生教育在探索阶段成绩突出，主要表现在以下几个方面。

1. 综合改革试点工作开展顺利

为贯彻落实《国家中长期教育改革和发展规划纲要（2010—2020年）》，进一步推进研究生教育改革与发展，促进专业学位研究生教育更好地适应经济社会发展对高层次应用型人才的需要，2010 年 10 月 13 日，教育部下发了《关于实施专业学位研究生教育综合改革试点工作的指导意见》，在部分高等学校开展专业学位研究生教育综合改革试点工作。2010 年 11 月，各试点院校上报改革实施方案。2011—2013 年，各试点院校开展具体工作。北京师范大学、华东师范大学、天津师范大学和中山大学被教育部列为汉语国际教育硕士专业学位研究生教育综合改革试点高等学校。经过 3 年实践，4 所院校汉语国际教育专业学位综合改革取得了丰硕成果。笔者了解到，其成果主要表现在以下几个方面。一是生源方面。4 所院校均较为注重对生源选拔的改革，其中，北京师范大学生源选拔改革的重点是加大面向海外本土教师的招生力度，增加海外生源比例。二是课程改革。4 所试点院校均在课程改革方面有所创新。其中，北京师范大学在课程改革方面力度较大，采取了中国学生与外国学生部分课程分离、中文专业与非中文专业背景学生部分课程分离的设课方式，使所有不同学科背景的学生都能在有限的教学时间内，取得更好的学习效果。此外，华东师范大学、中山大学在课程改革中较为注重将课程改革与学科建设相结合。华东师范大学汉语国际教育专业的师生研制了《国际汉语教育案例规范》，制定了《国际汉语教育案例标记系统》，搭建了具有管理和查询功能的案例库网络共享平台，建立了国际汉语案例库。依据该案例库，"国际汉语案例教学"课程进行了相应改革和创新，形成了"研讨、观摩、计划、模拟、创新"五步教授法。中山大学的课程改革同样立足于自建的"全球汉语教材库""中介语语料库""汉语国际教育案例库""专家讲座资源库"等资源库，效果明显。三是实践实习体系创新。天津师范大学在本次试点改革项目中建立了"捆绑式"实践实训语伴制度，即为中国汉语国际教育硕士研究生配备"一盯一"的留学生，使之成为固定的实践实习语伴。中外学生签订实训语伴协议，自入学起开展每周不少于5小时的实践实训活动，在导师指导、监督下，强化汉语国际教育硕士研究生对职业规律探索的早期发现。四是课程评价体系的创新。本次试点改革项目中，4所高校在课程评价体系方面均进行了探索。其中，天津师范大学搭建起了"多角度"课程质量控制评价体系。该立体综合教学评价方式有效控制了天津师范大学汉语国际教育硕士教师的全程教学环节，值得兄弟院校学习、借鉴。五是培养模式的创新。在培养模式方面，华东师范大学在试点改革中创造了"1+1"中外合作双学位项目。该项目是指华东师范大学的汉语国际教育硕士研究生第一年在华东师范大学学习，第二年在意大利都灵大学学习，毕业后取得中意双方学位，获取在意大利教授汉语资格。该培养模式较为新颖，在一定程度上能够解决学生在任教国就业难的问题。总之，2011年至今是汉语国际教育硕士培养探索阶段，在该阶段开展的综合改革试点工作成绩斐然。

2. 培养模式不断创新

据笔者调研发现，除试点院校外，一些汉语国际教育硕士培养单位也在努力探索汉语国际教育硕士培养新模式。中央民族大学国际教育学院基于"地球村"理念，以全球化视野、国际化思维设计了外向型"1+2+X"创新培养模式。辽宁大学的汉语国际教育硕士培养针对性强，主要针对韩国、朝鲜、日本和蒙古几个国家培养汉语师资。辽宁师范大学主要针对意大利、韩国和俄罗斯培养汉语师资，正在努力探索针对性培养新模式。云南师范大学、福建师范大学、云南大学、广西大学、广西师范大学和广西民族大学等均针对东南亚地区培养汉语师资，逐步探索一条区域化培养的新模式。新疆大学、新疆师范大学、新疆财经大学主要针对中亚地区和俄罗斯培养汉语师资，其中，新疆财经大学还十分强调，"通过辅修财经类第二专业学位和加大中外合作院校交换生的力度，为新疆与中亚汉语推广及文化经贸交流提供高层次从事汉语国际教育及中外文化交流的复合型、实用型、应用型、国际化人才"①，其培养模式可谓独特新颖。由此可见，除试点单位外，汉语国际教育硕士各培养院校同样在努力探索符合自身办学条件的汉语国际教育硕士培养新模式。

3.科研成果逐年递增

笔者检索统计发现，2007—2010年，中国知网上以主题关键词"汉语国际教育硕士"检索到的期刊论文有30篇、硕博论文7篇、会议论文9篇。而2011—2018年，中国知网上检索到的关于"汉语国际教育硕士"的期刊论文有385篇、硕博论文453篇、会议论文42篇，其中，期刊论文和硕博论文在2011—2017年呈现逐年递增趋势。

由此可见，汉语国际教育专业相关专家、学者，包括该专业博士研究生、硕士研究生越来越关注自身专业的发展问题，关注度和相关研究成果逐年递增。另外，部分学术期刊诸如《国际汉语教育》《华文教学与研究》《汉语国际传播研究》《黑龙江高教研究》《高等教育研究》《民族教育研究》等核心、省级刊物近年来较多刊载有关"汉语国际教育硕士"培养方面的论文。此外，"汉语国际教育硕士"人才培养问题研究被逐渐细化，"输入型汉语教师""输出型汉语教师"②"超本土汉语教师"③等均成为目前研究的热点问题。

① 范晓玲.新疆高校汉语国际教育专业发展现状调查与对策探讨[J].新疆师范大学学报（哲学社会科学版），2013，34（6）：109-114.

② 李东伟.大力培养本土汉语教师是解决世界各国汉语师资短缺问题的重要战略[J].民族教育研究，2014，25（5）：53-58.

③ 吴应辉.国际汉语师资需求的动态发展与国别差异[J].教育研究，2016（11）：144-149.

4.标准建设、评估体系逐渐完善

探索阶段出台了"一要求""一标准",同时组织了"一评估"专项工作。"三个一"行动后,汉语国际教育硕士培养工作进一步完善。"一要求"是指《汉语国际教育硕士专业学位设置方案》的出台,该文件对汉语国际教育硕士专业学位的性质、培养目标、素质要求、能力要求、实践训练、论文写作要求等均作出了具体阐述和详细说明。该文件的出台进一步保证了汉语国际教育硕士研究生的学位授予质量,提高了学科建设水平,为社会了解汉语国际教育硕士教育质量标准,进而为开展质量监督工作提供了依据。"一标准"是指《汉语国际教育硕士专业学位论文标准》,该标准对具有明确职业指向的专门培养国际汉语教师的专业学位论文提出了十分具体的要求。具体要求中既对论文形式、研究方法、选题范围、字数要求等作了具体说明,又对论文结构、论文格式、评价标准作了详细说明和指导。该标准的出台,使汉语国际教育硕士"论文写作"培养环节逐渐规范起来。"一评估"是指《2014年汉语国际教育硕士专业学位授权点专项评估工作方案》,该方案要求汉语国际教育专业学位研究生教育指导委员会组织实施,对2009—2011年获批汉语国际教育硕士专业学位的58所院校进行专项评估。此次评估有效推动了汉语国际教育硕士专业学位的规范发展,确保了汉语国际教育硕士专业学位的培养质量,更好地满足了世界各国对高层次、复合型、应用型汉语师资的需求。

二、汉语国际教育硕士研究生培养的实践导向

(一)培养方案体现实践导向

"服务国家特殊需求人才培养项目"——学士学位授予单位开展培养硕士专业学位研究生试点工作,是针对国家有关行业领域特殊需求的高层次专门人才,择需、择优、择急、择重安排少数办学水平较高、特色

鲜明的高等学校，在一定时期内招收培养硕士专业学位研究生的人才培养项目。汉语国际教育硕士专业学位研究生培养服务于中华文化"走出去"的国家战略，紧紧围绕"培养具有熟练的汉语作为第二语言教学技能和良好文化传播技能、跨文化交际能力，适应汉语国际推广工作，胜任多种教学任务的高层次、应用型、复合型、国际化专门人才"这一目标，紧密对接应用型人才培养国家战略，强调理论学习与教学实践的紧密结合，两年培养期限中，一年为校内学习，一年为校外实践及论文撰写。显而易见，教学实践不仅是该专业硕士培养的主要环节，也是其区别于传统学术型硕士培养的重要特点，体现了其注重应用型教师培养规格和强调教师基本技能养成的鲜明特色。

例如，安阳师范学院汉语国际教育专业硕士研究生的人才培养方案与孔子学院协商制定。其办学思路为"汉字为基、技能为本、文化为魂、外语为翼"，招生对象为具有国民教育序列大学本科学历（或本科同等学力）的人员和国家汉办推荐的已有从事汉语国际推广经历的专业人员，采用"小课程大实践"和"小语种订单式"相结合的模式进行培养，即一年时间用于课程学习，一年时间用于专业实习和学位论文撰写，并根据小语种国家的需要，招收小语种研究生，开设不同的语种和相关国家的国情课、教法课，开设中华才艺课，实行订单式培养。教学过程紧紧围绕培养目标，着重培养汉语教学技能、汉语国际教育实践技能、中华文化传播能力和跨文化交际能力，构建"两大平台"和"七大模块"的课程体系。采用"三结合"的教学实践方式，即课程学习与教育实践相结合、汉语国际教育与中华文化传播相结合、校内导师与校外导师联合培养相结合，从课程、实践、论文三个环节对研究生进行考核评价，注重职业能力培养，体现了实践导向。

（二）课程设置明确实践导向

汉语国际推广应当以汉语为载体、以教学为媒介、以中华文化为主要内容，把汉语与中国文化一起推向世界。国家汉办 2007 年颁布的《国际汉语教师标准》由语言基本知识与技能、文化与交际、第二语言习得理论与学习策略、教学方法、综合素质五大模块组成。例如，在汉语国际教育硕士的课程设置上，安阳师范学院坚持"三个为本"（以学生为本、以能力为本、以职业导向为本）、"三个结合"（课堂学习与教育实践相结合、汉语国际教育与中华文化传播相结合、校内导师与校外导师联合培养相结合），突出三个重点（理论教学、专业实践、能力培养），强化三种技能（汉语教学技能、外语交际技能、文化传播技能），构建了以核心课程为主导、以模块拓展为补充、以实践训练为重点的课程体系，通过结合汉语国家教育硕士专业研究生培养目标定位和现实需求，依托内涵丰富、特色灵活、针对性强的课程设置，坚持以能力培养为本位、以教学能力为核心，面向专业、面向职业，明确应用性实践导向，大大加强培养研究生汉语国际教育职业领域所需要的实用技能，如语言教学技能、教育管理与评估技能、跨文化交际能力等。

语言学课程除语言基础（包括现代汉语、古学、教学语法等），还包括应用语言学、社会语言学等，将语言分析与语言教学相结合，让研究生掌握教学所需语言基本知识与技能。第二语言习得理论课程突出英语作为交际工具作用，着力培养研究生听、说能力，增设英美文选、英语研讨技巧、跨文化交际学等课程，加强外语课多语种建设，帮助研究生了解外语教学理论、针对不同学习群体教学、听说读写不同技能教学、词汇语法不同内容教学等。文化与跨文化课程着力培养研究生从文化视角分析语言和社会现象，将语言教学与文化教学相结合，结合中国传统文化和安阳地域特色，增设中华文化素养课（包括甲骨文和殷商文化概述、周易概述、汉字与文化、中医中药基础知识等）和中华才艺课（包括书法、绘画、剪纸、插花、武术、舞蹈、烹饪等）。此外，开设必要的教育学、心理学、教育技术学等相关课程或者专题讲座，注重汉语国际教育硕士的教学理论素养和教学技能的提高，大大提高了岗位胜任力。

（三）培养过程强化实践导向

培养高质量的对外汉语教师至少包括两个大的方面：一是培养扎实的汉语基本功，二是培养教师在实际教学中的动手能力。根据汉语国际教育硕士专业学位研究生培养目标、学制安排、培养方案、服务面向的针对性和特殊性，高校在各种类型的教学实践中应注重及时更新教学理念，实现由传统理论知识传授向应用能力培养的转变，采取把课堂教学与汉语国际教育实践相结合的培养方式，运用案例教学、课堂讨论、情境模拟、专家讲座、实习实践等多种方法，提高研究生的教学技能和国外适应能力，在培养汉语国际教育硕士过程中的导师指导、课堂见习、教学实习、素质拓展、海外实践等各个环节均注重突出应用性，强化实践导向。

1.导师指导

建设一支既具有较高学术水平又有明显职业背景和丰富实践经验的教师队伍是保证专业学位教育质量的关键。例如，安阳师范学院注重核心课程教师教学团队和实践导师教学队伍的建设，坚持复合型发展思路。导师遴选配备要求高，既要充实语言类专业师资，又要吸纳历史、文化、艺术类元素；既要考量专业知识素养，又要考查教育教学能力；既要注重教学科研水平，又要综合海外教育背景、国际视野及汉语国际推广相关经验。建立科学的导师遴选、培训及评价机制，实施开放式动态管理。采用集体指导与个别指导相结合的模式，充分发挥导师全面而有效的指导作用。在导师对名下研究生个别指导的基础上，组织导师组集体与研究生开展学习、交流、研讨活动，不同教育背景、不同学科专业、不同年龄阶段、不同阅历经历的导师融合互补，从理论和方法上对研究生的学习、实践进行指导，从各层面、各角度启发、引导、解决研究生研究的问题和困惑。注重两支队伍（核心课程教学团队和实践导师队伍）建设，实施汉语国际教育核心课程教学团队提升计划。

2.课堂见习

课堂见习侧重于教学观摩，让研究生深入课堂实际，感受课堂氛围，熟悉教学环境，对教学环节、步骤、方法、技巧等有初步的认识和感触。组织研究生对观摩教学情况进行分析评价，研讨其成功与不足之处。安排研究生独立完成课堂设计，走上讲台，在实景课堂教学中进行模拟训练。组织师生对每位研究生的课堂教学进行评点讨论，帮助其改进教学，提高教学效果。将师生反馈的意见与建议进行吸纳后，研究生再次走上讲台实景训练，以期达到更佳的教学效果。经过循环反复的训练，研究生能够将教学理论运用到教学实践中，较好地完成教学设计、教学实施、活动设计、案例分析、评价测试等具体教学活动，有效提高课堂教学技能，掌握教学技巧，达到教学目的，取得良好的教学效果。

3.教学实习

明确规定研究生教学实习时间、目的及要求。研究生必须认真做好实习记录，包括试讲、听课、作业批改、教学活动等全部教学实习环节，详细记录各教学活动的学时数、授课对象及具体内容；按规范编写提交教学实习教案；实习结束须撰写提交教学实习报告，包括总结实习内容、实习单位概况、授课对象研究、教学策略分析、教学手段的运用、教学效果自我评估等内容。研究生教学实习过程由学校、导师、实习单位、指导教师、实习对象共同监控管理，多方保持沟通联系，多层次、多角度指导和评价研究生教学实习工作。实习单位、指导教师、实习对象于实习结束后，综合研究生专业素养、知识储备、教学态度、教学方法等方面的表现，对实习研究生进行满意度评价并开具实习证明。全方位、立体式教学实习监控体系的构建，保证了研究生教学实习的实效。学校和导师组综合研究生实习各方面情况及其实习回校后参加研究生教学大赛的表现作出实习评定。

4.素质拓展

"请进来""走出去"，积极邀请专业领域专家学者为研究生开展讲座、研讨交流，鼓励支持研究生外出参加学术交流、行业研讨，帮助研究生掌握专业学术前沿动向，了解行业领域发展现状及趋势。充分发挥学校文化研究底蕴和地缘优势，开展相关文化知识讲座，组织研究生实地参观等，增进研究生对中华文化的了解，以及增强他们推进中华文化传播、汉语国际推广事业的热情。有效利用学校各种教学、研究、交流平台，鼓励支持研究生积极参与外事活动及汉语国际推广实践，帮助他们培养积累相关能力和经验。

5.海外实践

高校应积极与其他国家学校签署合作办学、教师互派培训、学生互换交流协议。例如，安阳师范学院是河南省汉语国际推广基地，与多国高校有合作，积极参与国家汉办志愿者中心合作选派志愿者出国任教工作，近年来已先后选派教师、研究生、本科生300余人次赴海外从事汉语国际推广工作。为保证研究生海外实践效果，在日常基础教学及实习的基础上，加强对其出国前的专项培训，包括外语能力强化、外事礼仪纪律培训及目的国文化风俗讲解等。研究生在海外实践期间，保持与学校、导师、合作方、指导教师、研究生本人的沟通交流，随时了解研究生实践动态，指导督促其积极开展实践活动，定期汇报实践小结。研究生海外实践结束后，由院校对其进行综合评价，研究生本人撰写并提交总结心得，归国回校后由导师组作出评定。

（四）考核评价彰显实践导向

汉语国际教育硕士专业学位获得者应具有扎实的汉语言文化知识、熟练的汉语作为第二语言／外语教学的技能、较高的外语水平和较强的跨文化交际能力等。汉语国际教育硕士专业学位研究生培养的最终目的是培养能够"走出去"进行海外汉语教学的优质师资。不难看出，对汉语国际教育硕士专业学位研究生的考核评价既要考量其相关知识、技能、能力等因素，更要努力实现"走出去"进行海外汉语教学这个目标，这充分彰显了实践导向。

对于汉语国际教育硕士专业学位研究生的考核评价，应坚持过程培养与结果评价并重，知识储备、文化修养与实践能力并重的原则，突出复合型、应用性特点，构建全过程、多方位、立体式考核评价体系。坚持注重语言文化学习、注重教学技能培训、注重实践能力培养、注重外语水平提升、注重海外文化学习、注重外事礼仪修养、注重传统文化积累、注重中华才艺培养等，建立健全质量监控体系，对研究生培养过程中的教学、实习、实践等各个环节制定测评标准，严格把好培养关；制定具体操作执行办法及标准，统一规范、指导研究生毕业论文撰写及答辩，严格把好毕业关；按照国家汉办选拔外派标准及要求，科学评价、择优推荐，严格把好输出关。

三、汉语国际教育硕士研究生培养的根本遵循

（一）文明交流互鉴成为汉语国际教育硕士研究生培养根本遵循的内涵和基本原则

1.文明交流互鉴的时代背景

进入 21 世纪，随着全球化进程的不断加快和中国融入世界程度的不断加深，推动中国文化走向世界逐渐成为国家重大战略部署。2000 年 10 月，中国共产党第十五届中央委员会第五次全体会议通过的《中共中央关于制定国民经济和社会发展第十个五年计划的建议》首次提出文化发展要"实施走出去战略"[①]。2005 年 10 月，胡锦涛同志在中国共产党第十六届中央委员会第五次全体会议上明确提出，"加快转变对外贸易增长方式，继续积极有效利用外资，支持有条件企业'走出去'，实施互利共

---

① 辛鸣.十七届六中全会后党政干部关注的重大理论与现实问题解读[M].北京：中共中央党校出版社，2011：211.

赢的开放战略"。2012年11月，胡锦涛同志在中国共产党第十八次全国代表大会上作了报告，报告提出了到2020年全面建成小康社会的奋斗目标，其中就包括实现文化软实力显著增强，"中华文化'走出去'迈出更大步伐"。

中华文化"走出去"战略的提出对对外汉语教学专业设置、学科属性和培养模式产生了深远影响，促使对外汉语教学逐渐形成了三大转变：一是教学内容由语言教学向全方位推广汉语及中华文化转变，其标志是2007年汉语国际教育硕士专业学位的设立和2012年对外汉语教学本科专业统一改为汉语国际教育专业，从对外汉语教学到汉语国际教育名称的改变拓展了对外汉语教学的内涵，使汉语国际教育进一步成为集政治性、政策性和应用性为一体的汉语国际推广事业，真正成为"国家的事业、民族的事业"。二是教育活动由国内延伸到国外，孔子学院和孔子课堂逐渐成为汉语国际推广的主要平台，汉语国际教育专业成为孔子学院和孔子课堂师资队伍的主要来源，成为实现中华文化"走出去"战略的重要依托。三是培养方式由学校教育向各种社会化教育延伸，培养对象涉及不同年龄阶段、学历层次和职业领域。

对外汉语教学向汉语国际教育的三大转变是我国国际影响力不断上升、海外汉语需求持续增长的必然结果，同时给汉语国际推广事业带来了新问题和新挑战。与国内语文教学不同，汉语国际教育面临的困难不是来自教育本身，而主要来自文化的差异和冲突。第一，就语言谱系关系而言，汉语属于汉藏语系，除儒家文化圈外，它所代表的语言和文化与世界上绝大多数国家和民族地区的文化差别较大，甚至风格迥异，教育对象在母语文化背景下形成的心理和行为习惯不利于汉语教学效果的取得和中国文化的传播与推广。第二，一些国家与地区民众对中国文化和汉语国际教育事业存在的误解、误读和误判，增加了汉语国际教育工作的难度。

深入研究和解决汉语国际推广过程中面临的文化冲突问题，既是汉语国际教育服务于中华文化"走出去"战略的需要，也是汉语国际教育自身学科建设和专业建设的需要。目前，尽管学界已经形成了较为丰富的研究成果，但总体而言，当前成果多建立在西方跨文化交际理论基础之上，尚未形成具有针对性的指导汉语国际教育专业建设和国际推广实践的中国方案。

2014年3月，习近平同志首次访问在巴黎的联合国教科文组织总部并发表了关于文明交流互鉴理念的重要演讲。他指出文明交流互鉴是推动人类文明进步和世界和平发展的重要动力。此后，习近平同志在诸多不同场合阐述了这一论述的基本内涵和重要意义。2019年5月，习近平同志在亚洲文明对话大会开幕式上发表的题为《深化文明交流互鉴 共建亚洲命运共同体》的主旨演讲中再次阐明了文明交流互鉴的历史意义、时代价值和重要主张。作为习近平外交思想的重要组成部分，文明交流互鉴主要论述体现了中国外交的全球视野和大国胸怀，在世界范围内引起了重大反响，获得了许多国家和人民的认同与欢迎。汉语国际教育作为在海外开展汉语教学、弘扬中华文明和传播中国文化的主要依托专业，完全可以将之作为学科建设元理论、汉语国际推广的指导思想和专业建设的重要内容。

2.文明交流互鉴的内涵和基本原则

（1）文明交流互鉴的三重内涵。

第一，文明以多样性存在。文明具有多样性，就如同自然界物种的多样性一样，一同构成我们这个星球的生命本源。自诞生以来，生活在不同环境下的人们不断创造出具有鲜明特色的文明形态，从而构成一个国家和民族的集体记忆及丰富多彩的文明世界，从茹毛饮血到田园农耕、从工业革命到信息社会，构成了波澜壮阔的文明图谱，书写了激荡人心的文明华章。"物之不齐，物之情也。"和而不同是一切事物发生发展的规律。世界万物万事总是千差万别、异彩纷呈的，如果万物万事都千篇一律，事物的发展、世界的进步也就停止了。每一个国家和民族的文明都扎根于本国本民族的土壤之中，都有自己的本色、长处。

新文明样态总是脱胎于旧文明样态基础之上，前者既有对后者有益成分的继承，又有对不合时宜的因素的摒弃，更有对与时俱进的新因素的纳入，表现为一个又一个扬弃过程，向人们呈现出波浪式前进和螺旋式上升的动态逻辑演进历程。正因如此，习近平同志在纪念孔子诞辰2565周年国际学术研讨会上的讲话鲜明地指出，任何一个国家、一个民族都是在承先启后、继往开来中走到今天的，世界是在人类各种文明交流交融中成为今天这个样子的。

正如"纯而又纯的世界是不存在的"一样，纯而又纯的人类文明或个体文明也是不存在的。一方面，对于整个人类文明来说，多元文明构成了世界历史秩序的核心，继而为其在交往中吸收彼此优长和弥补各文明体自身的不足提供了可能。虽然异质文明在交往中不可避免地会产生冲突、矛盾、疑惑、拒绝，但更多的是学习、消化、融合、创新，否则人类文明就无法创造出今天这样前所未有的辉煌成就。进一步来讲，没有文明差异，也就自然不存在交流互鉴这一交往新范式。它的出场就是人类力图避免文明差异甚至冲突带来的灾难而生成的一种自我救赎方案。更确切地说，正是不同文明的这种异质性或多样性，才使人类文明在交流互鉴中能彼此吸收各自优长的价值。

第二，文明在交流中发展。习近平同志在亚洲文明对话大会开幕式上的主题演讲中指出，"交流互鉴是文明发展的本质要求。只有同其他文明交流互鉴、取长补短，才能保持旺盛生命活力"。任何文明都不可能在封闭的状态下实现孤立发展与繁荣，封闭必然导致文明的停滞与衰落，交流是文明不断实现发展创新的源泉与动力。正如学者陈赟所说的，"文明与文明的相遇提供了观看事物的多维视角，立足于自身视角而向着其他视角开放，才能使文明体以文明化的方式自我提升"[①]。

① 陈赟.文明论视域中的中西哲学及其会通[J].武汉大学学报（哲学社会科学版），2019（4）：64-74.

第三，文明交流的形式是互鉴。文明交流不能依靠强权和武力，而应通过互鉴和学习。一种文明既要有借鉴其他文明优秀成果来发展自己的勇气，也要有向其他文明奉献自己成果的魄力，相互学习与借鉴才能永葆文明发展的生命力。交流互鉴是文明发展的本质要求。当今世界，经济全球化和世界一体化不可逆转，人类已经形成休戚与共的命运共同体，各文明群体比以往任何时候的联系都更加亲密，进一步扩大文明交流互鉴，促进民心相通，已经成为人类应对共同挑战、实现繁荣发展的必然选择。

（2）文明交流互鉴的基本原则。

第一，坚持相互尊重、平等相待。人类只有肤色、语言之别，文明只有姹紫嫣红之别，但绝无高低优劣之分。人们应该秉持平等和尊重，摒弃傲慢和偏见，加深对自身文明和其他文明差异性的认知，推动不同文明交流对话、和谐共生。

第二，坚持美人之美、美美与共。一切美好的事物都是相通的。人们对美好事物的向往是任何力量都无法阻挡的。人们应既要让本国文明充满勃勃生机，又要为他国文明发展创造条件，让世界文明的百花园群芳竞艳。

第三，坚持开放包容、互学互鉴。文明交流互鉴应该是对等的、平等的、多元的、多向的，而不应该是强制的、强迫的、单一的、单向的。人们应该以海纳百川的宽广胸怀打破文化交往的壁垒，以兼收并蓄的态度汲取其他文明的养分，促进亚洲文明在交流互鉴中共同前进。

第四，坚持与时俱进、创新发展。人们应该用创新增添文明发展动力，激活文明进步的源头活水，不断创造出跨越时空、富有永恒魅力的文明成果。

汉语国际教育专业以培养从事国际汉语教学和中华文化国际推广与传播的师资力量为主要目标，是中华文化"走出去"战略的主要专业依托，其"外向型"特点导致该专业与其他专业具有本质不同。对汉语国际教育专业建设的认识就不能与国内其他专业一样，而必须真正将之视为"国家的事业、民族的事业"，用世界的眼光、国际的视野来看待汉语国际教师教育的培养工作。文明交流互鉴作为我国外交思想体系的重要组成部分和开展国际文明交流、文化交往的新范式，理应成为汉语国际教育专业建设的认识论基础、专业课程体系的重要内容和学生跨文化交际能力培养的基础理论，将学生培养成为具有较高文明交流互鉴理论素养，能够正确认识文明的起源、发展和交流，正确认识汉语国际推广在实现中华民族伟大复兴和构建人类命运共同体、践行"一带一路"倡议中的重大意义，具有自觉奉献汉语国际教育事业，服务国家战略，成为中华文明使者的使命感、责任感和职业精神的合格汉语国际教师，为正确传播国家形象、民族形象和文化形象做出贡献。

（二）文明交流互鉴是汉语国际教育学科专业建设的根本遵循

2014 年 3 月，习近平同志在巴黎联合国教科文组织总部发表的演讲中首次提出"文明交流互鉴，是推动人类文明进步和世界和平发展的重要动力"的新文明观。此后，习近平同志在诸多不同场合阐述了这一论述的基本内涵和重要意义。文明交流互鉴重要论述是习近平同志对人类文明发展历史、国际文明交流现状和未来文明发展愿景进行深入思考的理论总结，是"构成马克思主义文明交往思想理论和话语体系的现时创造"[①]，是解决当前世界文明冲突、促进世界文明对话、构建世界新型文明关系的新理论和新范式，体现了中国外交的全球视野和大国胸怀，为汉语国际教育学科专业建设提供了理论基础和根本遵循。

1. 文明交流互鉴为汉语国际教育学科专业建设提供了理论基础

在我国高等教育专业体系中，汉语国际教育是唯一为"国家的事业，民族的事业"（汉语国际推广）服务的专业，兼具学科、教学和事业三重

---

① 吴海江，徐伟轩.论习近平文明交流互鉴观的时代内涵[J].社会主义研究，2019（3）：7-13.

属性，其研究内容也必然围绕以下三个方面展开。

就学科而言，汉语国际教育研究必然涉及学科体系与范畴、基本框架与内容、基本概念与方法等问题，具体如中华文明及其他文明、汉语及其他语言文化的发生机制和基本特征，跨文化传播，尤其是构建具有中国特色的跨文化交际理论体系等研究内容。在探索构建汉语国际教育学科过程中，作为解决跨文化冲突、促进跨文化交流的有效主张，文明交流互鉴为上述问题的研究提供了新的理论视角。

就事业而言，汉语国际教育研究必然涉及全球治理、国家外交战略、国际文明与文化交流等问题，具体如汉语国际教育和汉语国际推广在构建人类命运共同体、"一带一路"倡议、中华文化"走出去"等国家和国际发展战略服务的地位作用、效果评估，以及国际社会和不同文明、异质文化背景下人们对汉语国际推广质疑的回应，适应异质文化并与传播对象实现人心相通等研究内容。文明交流互鉴为研究解决上述问题提供了新的实践依据。

就教学而言，汉语国际教育研究必然涉及人才培养目标和规格、专业设置口径、专业教学计划等问题，具体如异质文化背景下汉语教学活动主体与客体的文化差异及跨文化沟通与交流、教材编写与教学模式的改革和创新、人才培养的质量评价等内容。文明交流互鉴为上述问题的解决提供了新的培养范式。

文明交流互鉴为构建人类命运共同体提供了观念保障和文化桥梁，发挥着增进理解、达成共识、价值引领和人心相通的重要作用。汉语国际教育同样肩负着促进文明对话和文化交流、实现民心相通的重要使命，国际交流互鉴也能够对其学科建设起到理论指导作用。汉语国际教育是我国高等教育体系中第一个也是唯一一个以汉语国际推广为取向的专业，是中华文化海外传播的重要途径，是服务中华文化"走出去"战略、提高中国文化软实力的重要抓手，其专业属性决定了汉语国际教育既要立足国内，又要放眼世界，培养既具有扎实汉语基础和较高中华文化素养，又具有熟练的汉语作为第二语言教学技能、良好的文化传播技能和跨文化交际能力的专门人才。

2.文明交流互鉴是解决文化冲突的有效方案

文明交流互鉴在文明多样性主张方面具有本质不同。

第一，文明之间应以尊重、包容、平等为基本原则。文明交流互鉴主张文明没有高低优劣之分，因为平等交流而变得丰富多彩，正所谓"五色交辉，相得益彰；八音合奏，终和且平"。只要秉持包容精神，就不存在什么"文明冲突"，就可以实现文明和谐，强调"各美其美，美人之美，美美与共，天下大同"。唯有如此，才能消除文明冲突，实现人类社会的持久和平、共存共生。习近平同志在中阿合作论坛第六届部长级会议开幕式上的讲话阐明了"人类文明没有高低优劣之分，因为平等交流而变得丰富多彩，正所谓'五色交辉，相得益彰；八音合奏，终和且平'"。人类文明应博大包容、兼收并蓄。历史告诉我们，只有交流互鉴，一种文明才能充满生命力。

第二，文明之间应以交流、互鉴为存在形式。习近平同志在上海合作组织成员国元首理事会第十八次会议上指出："以文明交流超越文明隔阂，以文明互鉴超越文明冲突，以文明共存超越文明优越。"习近平同志向全球人权治理高端论坛致贺信时指出："以合作推进人权，相互尊重，平等相待，践行全球文明倡议，加强文明交流互鉴，通过对话凝聚共识，共同推动人权文明发展进步。"唯有如此，文明才能不断获得创新与发展。

第三，文明交流应以民心相通作为重要内容。习近平同志出席"一带一路"国际合作高峰论坛开幕式并发表主旨演讲时指出："国之交在于民相亲，民相亲在于心相通。"习近平同志在亚洲文明对话大会开幕式上的主旨演讲中强调："深化人文交流互鉴是消除隔阂和误解、促进民心相知相通的重要途径。"唯有如此，各国民众才能在文明交流中增进共识，在互相理解中寻求"最大公约数"，在共同价值观基础上共谋发展与繁荣。

第四，文明发展应以构建人类命运共同体为终极目标。人们应该推动不同文明交流对话、和谐共生，让文明交流互鉴成为增进各国人民友谊的桥梁、推动人类社会进步的动力、维护世界和平的纽带。人们应该从不同文明中寻求智慧、汲取营养，为自身提供精神支撑和心灵慰藉，携手解决人类共同面临的各种挑战。

习近平同志在中国共产党第十九次全国代表大会上的报告中指出，"建设持久和平、普遍安全、共同繁荣、开放包容、清洁美丽的世界"，在中国共产党第二十次全国代表大会上指出，"中国始终坚持维护世界和平、促进共同发展的外交政策宗旨，致力于推动构建人类命运共同体"。唯有如此，构建人类命运共同体的伟大构想才能最终得以实现。从全球视野来看，不同国家、民族之间地理环境、文化艺术、治理方式、经济发展乃至民族性格虽然多有不同，但人类对一切美好事物的向往都是相通的，不同文明之间只有在平等的基础上找到利益共同点、重大关切点和价值追求点，在交流中寻求理解，在互鉴中共同发展，不断推动不同文明之间的对话与合作、不同文化之间的创新与整合，才能真正实现民心相通，最终实现构建人类命运共同体的伟大目标。

文明交流互鉴不仅为世界各文明群体防止文明冲突、实现共存共赢提供了中国智慧，也为汉语国际教育专业培养汉语国际推广的合格人才提供了有效方案。汉语国际教育应将文明交流互鉴作为指导学生开展汉语教学、文化交流和跨文化交际活动的思想指引，使学生在系统学习和掌握相关理论知识体系的基础上，能够正确认识中华文明在世界文明发展史上的地位、作用和意义，也了解西方文明对人类文明发展带来的影响，以正确态度看待文明交流和文化交往，提升自身跨文化交际的理论修养和实践能力，正确对待所在国历史文化传统，灵活解决自己在实习实践和汉语国际推广工作中遇到的一系列问题，避免文化优越论、文化自卑感、文化震惊、文化休克等不良文化思想和情绪造成的消极影响。

（三）文明交流互鉴在汉语国际教育中的应用

鉴于文明交流互鉴对汉语国际教育事业、教学研究和学科建设的重要作用，将之作为该专业人才培养方案的指导思想和重要内容就显得尤为必要。2007 年，国务院学位委员会增设"汉语国际教育硕士专业学位"之后，全国汉语国际教育硕士专业学位教育指导委员会先后制定并修订了 3 个版本的《汉语国际教育硕士专业学位研究生指导性培养方案》，现以目前执行的 2021 年版《汉语国际教育硕士专业学位研究生指导性培养方案》（以下简称《培养方案》）为例，提出文明交流互鉴在其中的应用策略。文明交流互鉴在《培养方案》中的应用主要体现在课程内容的设置和对《培养方案》的修订方面。

1. 在课程内容设置方面的应用

文明交流互鉴在《培养方案》课程设置中，是作为一门重要的课程或作为课程的重要内容而出现的。第一，文明交流互鉴既与人类命运共同体、"一带一路"倡议共同构成习近平外交思想的重要内容，也是"在遵循马克思主义文明观的基础上进行创新发展而形成的，既揭示了世界文明变迁过程和发展规律，又阐释了世界文明发展的时代课题"的重大理论创新，[①] 应作为核心课程中"政治"课程的重要内容，以达到培养目标。第二，汉语国际教育始终肩负着推动中华文化"走出去"战略的历史使命，文明交流互鉴回答了如何应对西方文明观挑战，如何阐释中华文化，如何处理文化冲突及人类文明往何处去等基本问题，为汉语国际教育使命的实现提供了思想指引，为汉语国际教师培养和汉语国际推广事业提供了理论支撑与基本方略，应作为"中华文化与传播"和"跨文化交际"课程的理论基础，以达到具有较高的中华文化素养和传播能力及跨文化交际能力的培养目标。当然，文明交流互鉴对拓展课程和训练

---

① 万欣荣，陈鹏.习近平关于文明交流互鉴重要论述的生成逻辑、主要意蕴及时代价值 [J]. 思想教育研究，2021（6）：13-17.

课程及专业实践和毕业论文也具有显著的理论指导意义，这也是将文明交流互鉴设置为重要课程或课程的重要内容的出发点。

2. 在《培养方案》修订方面的应用

从十余年汉语国际教育研究生培养实践来看，《培养方案》总体适应了研究生培养需求，执行效果较好，但也存在影响中华文化"走出去"效果和研究生培养质量的问题，学者李泉从解决"影响人才培养质量提升的'少数关键问题'"上提出了富于见地的修改方案①，颇有参考价值，下面主要从文明交流互鉴重要论述角度提出几点修改建议。

第一，建议将《培养方案》培养目标中培养良好的文化传播技能修改为培养较好的中华文化阐释能力，并在课程设置方面体现中华文化阐释能力培养的相关内容。汉语国际教育应将文明交流互鉴作为制定培养方案的指导思想，充分认识到汉语国际教育的终极目的是通过专业人才的培养，为促进文化的理解、沟通和交流服务，向海外阐释中国语言文化的独特魅力，将良好的文化传播技能修改为较好的中华文化阐释能力，从向"他文化传播"转变为"我文化解读"，使培养目标内容更加明确，体现了文明交流互鉴"和而不同"的重要内涵。

第二，建议将《培养方案》培养目标的具体要求中增加"有效进行课堂管理"的内容，并在课程设置中体现有效进行课堂管理能力培养的相关内容。事实上，跨文化课堂教学的问题不是如何教而是如何管，如何适应异质文化背景下的课堂教学管理，保证教学活动的正常开展是汉语国际教育研究生培养的薄弱环节。增加"有效进行课堂管理"的表述不仅有助于专业以异质文化课堂教学为目标，强化研究生课堂管理能力的培养，更能将文明交流互鉴促进"民心相通"的重要功能转化为"教学互通"的课堂实践。

第三，建议将《培养方案》课程设置核心课程中的"中华文化与传

---

① 李泉.汉语国际教育专业硕士《指导性培养方案》修订建议 [J]. 国际中文教育（中英文），2021（2）：18-26.

播"与拓展课程"中华文化传播与跨文化交际类"中的"中外文化交流专题"课程合二为一，改称"文明交流互鉴概论"，设置为核心课程。两课合并可以减轻学生课程负担，以"文明交流互鉴概论"命名可以强化文明交流互鉴的课程地位，促使研究生深入理解文明交流互鉴对中外文化交流的思想指引和理论指导的作用，有助于解决学位点建设和研究生汉语教学实践缺乏本土理论指导的窘境，提高研究生对中外文化交流活动的认识水平，为提高研究生汉语教学能力和跨文化交际能力储备理论修养。

第四，建议将《培养方案》课程设置"中华文化与跨文化交际类"中的"中国思想史"课与"国别与地域文化""礼仪与公共关系"课合三为一，改为"中国文化及国际比较"的内容。"中国思想史"因其难度过高和专业适应性不足，单独设置该门课程完全没有必要，将其合并，能够减少理论课学时，更有利于为实践课提供充足的时间。以"中国文化及国际比较"作为课程名称，阐释中国与世界不同国家和地域文化的基本内容及差异，能够深刻体现文明交流互鉴"尊重世界文明多样性"的理论基础和"各美其美，美人之美，美美与共，天下大同"的文明相处之道。

第二章　汉语国际教育硕士研究生培养现状

第一节　汉语国际教育硕士研究生中的中国学生培养现状

一、调查目的与调查设计

（一）调查目的

在相关研究的基础上，本节分别对安徽大学、北京语言大学和福建师范大学3所高校汉语国际教育硕士研究生中的中国学生的基本信息、在校学习生活情况、专业教学方面情况，以及对学校专业培养模式的意见与建议进行较为全面的考察，对反馈信息进行梳理、归纳、总结，呈现3所高校汉语国际教育硕士研究生中的中国学生的培养现状。

（二）调查设计

1.调查对象

本研究的调查对象是安徽大学、北京语言大学和福建师范大学 3 所高校的汉语国际教育硕士研究生中的中国学生。为了确保调查结果的真实性和客观性，笔者在设计问卷之前分别调查了 3 所高校汉语国际教育专业的高校培养及学生学习的大致情况。本次调查采用抽样调查方式，并没有对 3 所高校汉语国际教育专业所有硕士研究生进行调查。参与此次调查的 3 所高校汉语国际教育硕士研究生中的中国学生共有 103 人，其中安徽大学 44 人、北京语言大学 30 人、福建师范大学 29 人。

2.问卷设计

针对汉语国际教育硕士研究生中的中国学生培养现状的调查问卷，主要参考了相关文献中的问卷，并结合参与调查的 3 所高校该专业中国学生的实际培养情况进行问卷设计。调查问卷分为三个部分，总共有 29 道题：第一部分是汉语国际教育硕士研究生中的中国学生培养现状中学生方面的情况（学前背景、学习动机、专业学习情况、教学实践、就业意向），共有 15 道题，其中单选题 7 道、多选题 4 道、填空题 4 道；第二部分是汉语国际教育硕士研究生中的中国学生培养现状中教学方面的情况（课程设置、课堂教学模式、课堂教学满意度），共有 12 道题，其中单选题 5 道、多选题 6 道、填空题 1 道；第三部分是汉语国际教育硕士研究生中的中国学生培养现状中其他方面的情况（学生希望的专业学习年限、对当前培养模式的意见和建议），共有 2 道题，1 道单选题和 1道建设性题目。此问卷题型多样，所涵盖的问题也相对全面，目的是客观地考察 3 所高校汉语国际教育硕士研究生中的中国学生培养的实际情况，使这份问卷的调查结果更有说服力。

对以上 3 所高校均采用电子问卷形式进行调查。因为是电子问卷，填写完成后即可收回数据，回收问卷的有效率为 100%，所以最终回收有效问卷共计 103 份。

二、学生方面的情况

（一）学前背景

针对汉语国际教育硕士研究生中的中国学生的学前背景，主要从该专业中国研究生入学前所读院校、入学前所学专业、入学前所掌握的外语及外语水平三个方面进行考察。根据 3 所高校回收的问卷，调查结果如下。

1. 汉语国际教育硕士研究生中的中国研究生入学前就读院校调查结果及分析

在参与调查的 103 名汉语国际教育硕士研究生的中国学生中，25.24% 的研究生入学前就读于"985/211"院校，20.39% 的研究生入学前就读于普通一本院校，40.78% 的研究生入学前就读于二本院校，10.68% 的研究生入学前就读于三本院校，2.91% 的研究生入学前就读于其他院校。3 所高校汉语国际教育硕士研究生中的中国研究生入学前的第一学历是一本的学生占被调查总人数的 45.63%，入学前第一学历是二本的学生占被调查总人数的 40.78%，入学前第一学历是三本及其他院校的学生占被调查总人数的 13.59%。3 所高校汉语国际教育硕士研究生中的中国学生研究生入学前是本科学历的占 97.09%，非本科学历的占 2.91%。

2. 汉语国际教育硕士研究生中的中国研究生入学前所学专业调查结果及分析

3 所高校中，66.99% 的汉语国际教育硕士研究生中的中国研究生入学前的专业是汉语国际教育，这一部分研究生入学前就已经学习了 4 年的专业知识，专业基础比较牢固。18.45% 的汉语国际教育硕士研究生中的中国研究生入学前的专业是英语专业，7.76% 的汉语国际教育硕士研究生中的中国研究生入学前的专业是汉语言文学专业。研究生入学前专业是这两类的学生，专业跨度不算太大，在汉语基础知识方面和对外汉语教学实践中有一定的优势，但专业知识方面与研究生入学前就是汉语国际教育专业的学生相比，会有一定的差距。还有 6.80% 的汉语国际教育硕士研究生中的中国研究生入学前的专业是管理学、会计学、行政管理、旅游管理等其他专业，与汉语国际教育基本没有联系，这在研究生后期学习过程中会有一定的困难。

3. 汉语国际教育硕士研究生中的中国研究生入学前掌握的外语及外语水平调查结果及分析

在参与调查的 103 位汉语国际教育硕士研究生中的中国学生中，在研究生入学前学习掌握英语的人数为 95 人、日语为 17 人、俄语为 12 人、韩语为 10 人、法语为 4 人、西班牙语为 4 人、泰语为 3 人、德语为 2 人。其中，在研究生入学前学习掌握英语的人数占总被调查人数的 92.23%，除英语外的语种学习掌握的人数占 50.49%。3 所高校汉语国际教育硕士研究生中的中国研究生在入学前的外语水平调查显示，英语水平是 CET-6 的学生占被调查总人数的 56.31%，英语水平是 CET-4 的学生占被调查总人数的 25.24%，英语专业四级的学生占被调查总人数的 9.71%，其他如英语专业八级、雅思占被调查总人数的 8.74%。通过调查可以发现，3 所高校汉语国际教育硕士研究生中的中国学生掌握的外语基本上是英语，且英语水平普遍较高，有一部分学生在研究生入学前就已经掌握了 2 门外语，这对以后的对外汉语教学及海外实习、出国项目等有很大的帮助。

（二）学习动机

在 3 所高校中，18.45% 的汉语国际教育硕士研究生中的中国学生在研究生入学前对本专业非常了解，52.43% 的汉语国际教育硕士研究生中的中国学生在研究生入学前对本专业比较了解，27.18% 的汉语国际教育硕士研究生中的中国学生在研究生入学前对本专业有一点了解，1.94% 的汉语国际教育硕士研究生中的中国学生在研究生入学前对本专业完全不了解。对本专业的了解程度对学生进行专业报考也有一定的影响。

在专业选择的原因方面，汉语国际教育硕士研究生中的中国学生因为个人兴趣而选择该专业的占 39.81%，单纯为了提升学历而选择该专业的占 28.15%，觉得容易考上而选择该专业的占 18.45%，由于想换专业、调剂和躲避就业等其他原因选择该专业的占 13.59%。选择汉语国际教育专业的学习动机，对进入该专业研究生阶段的学习有很大的影响。显而易见，由于个人兴趣学习的学生比其他原因进行该专业学习的学生的积极性及认真程度会更高一些。

（三）学习情况

在专业学习方式方面，除日常的课程学习外，大部分汉语国际教育硕士研究生中的中国学生会通过阅读与专业相关的书籍进行学习，还有一部分学生会利用网站、微信等互联网方式进行学习，不断增加自己的知识储备。汉语国际教育硕士研究生中的中国学生与本国学生学习交流较多，与本专业留学生交流学习或与专业授课教师交流相对比较少。

绝大部分汉语国际教育硕士研究生中的中国学生在研究生学习阶段会选修一门外语。根据问卷的调查数据，在参与调查的 103 名汉语国际教育硕士研究生的中国学生中，选修俄语的学生有 37 人、选修英语的学生有 21 人、选修日语的学生有 10 人、选修法语的学生有 5 人、选修韩语的学生有 5 人、选修德语的学生有 1 人。这说明大部分汉语国际教育硕士研究生中的中国学生在专业学习期间会学习一种新的语言或不断加强已具备的外语能力，很重视自身语言能力的提高。

在校学习期间，汉语国际教育硕士研究生中的中国学生考取普通话证书和 CET-6 的占 32.04%，考取中小学教师资格证、国际汉语教师资格证各占 20.39%。在课余时间，大部分汉语国际教育硕士研究生中的中国学生以完成教师布置的作业为主，其他时间除用来考取与专业相关的证书或外语类证书外，就是兼职。

（四）教学实践

目前，汉语国际教育硕士的教学实践主要是进行专业实习。学生的实习形式包括国外实习和国内实习。其中，国外实习的方式是去学校合作的孔子学院或通过国家汉办赴海外教授汉语。3 所高校的汉语国际教育硕士研究生中的中国学生去与学校合作的孔子学院实习的占 32.04%、国家汉办外派志愿者占 26.21%、学校安排在国内实习的占 30.10%、自行联系在国内实习的占 9.71%，其他（没有进行实习）占 1.94%。汉语国际教育硕士研究生中的中国学生在国外实习的占 58.25%，在国内实习的占 39.81%，在国外实习的学生占大多数。

3 所高校汉语国际教育硕士研究生中的中国学生在实习期间遇到了多种问题，如因为语言障碍导致与学生交流困难，所学到的专业理论知识无法运用到实践中等。鉴于学生在实践中遇到的问题，教师在日常教学中应加强对学生相关知识和技能的培养。

（五）就业意向

3 所高校中，汉语国际教育硕士研究生中的中国学生毕业后，37.86%的学生倾向于从事国内中小学教师职业，22.33% 的学生倾向于从事国际汉语教师职业，10.68% 的学生倾向于从事与教育行业相关的职业（培训机构等），9.71% 的学生倾向于从事与汉语国际教育相关的职业，6.80%的学生打算报考公务员或事业单位，12.62% 的学生还不确定未来的职业方向。可以看出，汉语国际教育硕士研究生中的中国学生毕业后打算从事国内中小学教师或教育类职业的占大多数，其次是国际汉语教师或与汉语国际教育相关的职业。

三、教学方面的情况

（一）课程设置

3 所高校汉语国际教育硕士研究生中的中国学生对本专业课程设置满意度调查结果显示，大多数学生对本专业的课程设置比较满意，极少数学生对目前所学习的课程设置不太满意。

学生对目前专业课程设置不满意的主要原因是课程设置侧重于理论知识学习，实践与运用方面的课程偏少，专业技能训练没有得到重视。

另外，调查学生所期待的课程可以帮助我们了解目前汉语国际教育专业课程设置中的优点与不足，有助于完善目前的课程体系。在汉语国际教育硕士研究生中的中国学生中，75.73% 的学生希望增加实践类课程，72.82% 的学生希望增加必备技能和才艺训练课程，42.72% 的学生希望增加外语课程，38.83% 的学生希望增加第二语言教学相关课程，36.89% 的学生希望增加教学法及心理学课程，33.01% 的学生希望增加中国文化知识课程，28.16% 的学生希望增加汉语本体知识课程。总之，大部分汉语国际教育硕士研究生中的中国学生希望增加对外汉语教学实践及对外汉语教学能力提升方面的课程。

（二）课堂教学模式

3 所高校汉语国际教育硕士研究生的中国学生中，78.64% 的学生认为目前本专业的教师授课方式主要是以教师讲授为主，学生讨论、作报告等为辅；16.50% 的学生认为目前本专业教师授课方式是教师教授与学生讨论、作报告等相结合；4.86% 的学生认为目前本专业教师授课方式是以学生讨论、作报告为主，教师教授为辅；75.73% 的学生希望教师的授课方式是教师和学生合作，多让学生参与课堂教学。由此可见，汉语国际教育专业课程教师在授课方式上需要更加注重教师讲解与学生讨论、作报告等之间的平衡，多给学生发挥的空间，在平时授课中多增加一些锻炼实践能力的环节。

（三）课堂教学满意度

3 所高校汉语国际教育硕士研究生的中国学生中，对于教师上课内容的理解方面，80.58% 的学生表示对教师上课内容大部分能理解，12.62% 的学生表示能完全理解，5.83% 的学生表示能理解一半，0.97% 的学生表示只能理解一小部分。

关于对汉语国际教育专业教师课堂教学的总体评价，学生普遍认为本专业教师的专业素养较高、教学经验丰富、教学态度很认真。大部分学生希望教师在课堂教学中可以多一些实践环节，师生之间多一些互动。

第二节　汉语国际教育硕士研究生中的留学生培养现状

一、调查目的与调查设计

（一）调查目的

本节分别对安徽大学、北京语言大学和福建师范大学 3 所高校汉语国际教育硕士研究生中的留学生的基本信息、在校学习生活情况、专业教学方面的情况以及对学校专业培养模式的意见与建议进行较为全面的考察，客观地了解 3 所高校汉语国际教育硕士研究生中的留学生培养的实际情况，以便与汉语国际教育硕士研究生中的中国学生的培养现状作比较。

（二）调查设计

1.调查对象

笔者在设计问卷之前分别通过北京语言大学和福建师范大学的汉语国际教育专业的同学了解了该专业留学生的大概人数及专业学习情况。由于 3 所高校汉语国际教育专业招收的留学生本来就少，北京语言大学和福建师范大学该专业的中外学生是分开上课的，大部分不在同一个校区，所以参与本次调查的汉语国际教育硕士研究生中的留学生总共有 35 人，其中，参与调查的安徽大学留学生有 11 人，北京语言大学留学生有 15 人，福建师范大学留学生有 9 人。

2.问卷设计及发放

针对汉语国际教育硕士研究生中的留学生培养现状的调查问卷，主要参考了相关文献中的问卷，并结合参与调查的 3 所高校汉语国际教育硕士研究生中的留学生的实际培养情况进行问卷的设计。为了方便与汉语国际教育硕士研究生中的中国学生培养现状进行比较，问卷的内容还是围绕三个部分，总共有 30 道题。第一部分是汉语国际教育硕士研究生中的留学生培养现状中学生方面的情况（学前背景、学习动机、专业学习情况、教学实践、就业意向），共有 14 道题，其中单选题 5 道、多选题 4 道、填空题 5 道；第二部分是汉语国际教育硕士研究生中的留学生培养现状中教学方面的情况（课程设置、课堂教学模式、课堂教学满意度），共有 14 道题，其中单选题 7 道、多选题 6 道、填空题 1 道；第三部分是汉语国际教育硕士研究生中的留学生培养现状中其他方面的情况（学生希望的专业学习年限、对当前培养模式的意见和建议），共有 2 道题，1 道单选题和 1 道建设性题目。考虑到汉语国际教育硕士研究生中的留学生与中国学生的培养方式有所不同，此问卷还设置了只针对留学生培养的问题。此问卷所涵盖的问题也相对全面，目的是客观地了解 3 所高校汉语国际教育硕士研究生中的留学生培养的实际情况。

二、学生方面的情况

（一）学前背景

在针对汉语国际教育硕士研究生中的留学生的调查问卷中，分别从留学生的国籍、入学前所学专业、入学前国际汉语水平考试（以下简称HSK）水平3个方面来考察他们的学前背景。根据3所高校回收的35份问卷，调查结果如下。

1.汉语国际教育硕士研究生中的留学生的国籍调查结果及分析

3所高校参与调查的35名汉语国际教育硕士研究生的留学生中，亚洲学生有20人（阿塞拜疆3人、印度尼西亚3人、越南2人、泰国2人、土库曼斯坦2人、蒙古国1人、菲律宾1人、缅甸1人、尼泊尔1人、塔吉克斯坦1人、哈萨克斯坦1人、土耳其1人、沙特阿拉伯1人），占65.71%；非洲5人（尼日利亚3人、埃及2人），占14.29%；欧洲7人（俄罗斯2人、英国1人、乌克兰3人、罗马尼亚1人），占11.43%；南美洲3人（智利2人、玻利维亚1人），占8.57%。3所高校汉语国际教育硕士研究生中的留学生主要来自亚洲。由于汉语国际教育硕士研究生中的留学生来自不同的国家，文化背景、教育背景、认知能力等不尽相同，所以本专业的留学生的背景相对于本专业的中国学生来说比较复杂。

2.汉语国际教育硕士研究生中的留学生入学前所学专业调查结果及分析

问卷调查的数据显示，3所高校参与调查的35名汉语国际教育硕士研究生中的留学生入学前所学专业是中文或与中文相关的有17人，占总被调查人数的48.57%，这17人中研究生入学前专业是中文或汉语的学生有7人、汉语教育5人、中国学3人、汉语翻译2人；入学前学习英语相关专业（英语语言专业、英语与文学、英语翻译）的有5人，占14.29%；入学前学习国际关系或国际经济与贸易专业的学生有4人，占

11.43%；入学前学习旅游管理专业的学生有 3 人，占 8.57%；入学前学习电子信息科学与技术有 1 人、新闻传播有 1 人、政治学有 1 人、营养学有 1 人、商务学有 1 人、经济学有 1 人，共占 17.14%。这说明大部分汉语国际教育硕士研究生中的留学生入学前学习的专业与中文关系不大，有的甚至相差甚远。

3.汉语国际教育硕士研究生中的留学生入学前 HSK 水平调查结果及分析

3 所高校汉语国际教育硕士研究生中的留学生入学前的 HSK 水平达到 5 级的学生有 27 人，占总被调查人数的 77.14%；入学前 HSK 水平达到 6 级的学生有 8 人，占 22.86%。3 所高校汉语国际教育硕士研究生中的留学生入学前的 HSK 水平都已达到 5 级，主要是因为各高校在留学生申请该专业时设置了硬性要求，HSK 水平至少达到 5 级，有些高校甚至要求 HSK 水平必须达到 6 级。

（二）学习动机

3 所高校汉语国际教育硕士研究生的留学生中，48.57% 的留学生入学前对本专业有一点了解，22.86% 的留学生对本专业比较了解，11.43% 的留学生对本专业非常了解，17.14% 的留学生对本专业完全不了解。这说明大多数的留学生在研究生入学前对本专业了解得不多。

3 所高校汉语国际教育硕士研究生中的留学生选择该专业的原因主要是热爱中国文化，根据自己的兴趣选择该专业的，占 42.86%，这说明汉语及中国文化对本专业的留学生的吸引力是较高的，可以从这一方面入手对专业课程设置及教学内容进行一些改进。由于只有汉语国际教育硕士研究生可以申请孔子学院奖学金而选择该专业的留学生占 34.29%，以后打算从事汉语教师或者与汉语相关的工作和学习汉语可以增加就业机会而选择该专业的各占 22.86%，因为受亲朋好友影响或之前学校教师的推荐而选择该专业的占 5.71%，只是单纯为了提升学历而选择该专业的占 5.71%。

（三）学习情况

根据调查问卷得知，3 所高校汉语国际教育硕士研究生中的留学生在专业学习期间的情况如下。

在关于"汉语国际教育硕士研究生在学习期间感受到的困难"这个问题的调查中，大多数汉语国际教育硕士研究生中的留学生表示由于本科专业不是汉语国际教育，所以平时上课时教育学理论等专业知识相对比较难理解；部分留学生由于汉语水平有限，教师上课的内容听不懂，需要适量的英语翻译；还有一小部分留学生存在跨文化交际方面的困难，如对中国的一些文化现象无法理解，不知道怎么与中国人打交道等。

在"研究生期间是如何进行专业学习的？"这个问题上，绝大部分汉语国际教育硕士研究生中的留学生主要是上课听讲，下课完成教师布置的作业和任务。大部分汉语国际教育硕士研究生中的留学生在研究生第一学期要忙着准备 HSK 6 级考试。

（四）教学实践

汉语国际教育硕士研究生中的留学生的教学实践方式主要是专业实习。问卷调查显示，42.86% 的留学生是学校安排的实习，57.14% 的留学生是自己找的实习单位。笔者了解到，安徽大学的汉语国际教育硕士研究生中的留学生大部分是被学校安排在国际教育学院实习，教初级班的留学生；北京语言大学只安排汉语国际教育硕士研究生中的一小部分留学生在学校的办公室实习；福建师范大学会安排汉语国际教育硕士研究生中的留学生实习，但大部分留学生考虑到以后回国工作的问题，所以选择自己回国找实习单位。

在对实习地点的调查中，40.00% 的汉语国际教育硕士研究生中的留学生在自己国家的中小学或高校实习，28.57% 的留学生在中国国内中小学或高校实习，20.00% 的留学生在自己国家的公司实习，还有 11.43% 的留学生在中国国内的公司实习。

在实习内容方面的调查中，汉语国际教育硕士研究生中的留学生在实习中进行汉语教学的占 57.14%，在学校做行政工作的占 42.86%，只是听课和参与班级管理的占 20.00%，在公司实习的占 22.86%。

汉语国际教育硕士研究生中的留学生在实习期间遇到的主要问题有：由于汉语水平有限，在授课内容的理解和讲解上有一定的困难；在实习期间缺乏一定的教学技能和策略；由于文化冲突导致跨文化交际障碍；等等。

（五）就业意向

调查数据显示，在 3 所高校参与调查的 35 名汉语国际教育硕士研究生的留学生中，68.57% 的留学生打算回自己国家工作，8.57% 的留学生打算留在中国工作，22.86% 的留学生表示关于未来的工作地点还没想好。对于毕业后所从事的职业，60.00% 的留学生会从事与汉语相关的工作，28.57% 的留学生对于未来从事的职业还没想好，11.43% 的留学生不会从事与汉语相关的工作。

三、教学方面的情况

（一）课程设置

根据问卷的调查数据得知，参与调查的汉语国际教育硕士研究生的留学生中，大部分的留学生对专业的课程设置比较满意，一小部分的留学生对目前所学的专业课程设置不太满意。

汉语国际教育硕士研究生中的留学生最希望增加的课程是实践类课程，占 51.43%；其次是汉语本体知识和中国文化知识课程，均占 34.29%；必备技能和才艺占 28.57%。考察该专业留学生希望增加哪些方面的课程，不仅可以了解他们的学习需求，对其专业课程设置的调整也有一定的帮助。

（二）课堂教学模式

在参与调查的 3 所高校汉语国际教育硕士研究生的留学生中，57.14%的留学生认为目前本专业教师授课方式是以教师讲授为主，学生讨论、作报告为辅。对此，65.71%的留学生希望教师的授课方式是教师和学生合作，讲授与作报告、讨论相结合；34.29%的留学生希望课堂授课以学生讨论、作报告为主，教师讲授为辅。可见，汉语国际教育硕士研究生中的留学生在教师授课方式上，更希望教师能多让学生参与课堂教学，多锻炼学生的实践能力。

（三）课堂教学满意度

1. 汉语国际教育硕士研究生中的留学生对专业授课教师的总体评价

在汉语国际教育硕士研究生中的留学生对专业授课教师的总体评价中，表示专业授课教师具有较高专业素养的占比为 57.14%，认为教师能运用传统和现代相结合的教学方法进行教学和能熟练运用一门外语的均占比为 28.57%，认为教师能教给学生两种以上中华才艺的占比为 22.86%，认为教师能在课堂上采用多种教学方法进行教学的占比为 17.14%，认为教师关注学生学习和研究方法指导的占比为 11.43%。这说明该专业的授课教师专业素养比较高，但在课堂教学方法上还需要改进，而且对学生的学习关注度及指导度还有待加强。

2. 汉语国际教育硕士研究生中的留学生对课堂教学内容的理解程度

对于课堂教学内容的理解程度，大多数汉语国际教育硕士研究生中的留学生能理解课堂教学内容。了解学生对于课堂教学内容的理解程度，教师一方面可以知道目前学生的学习认知能力，另一方面可以根据学生的特点对课堂教学的内容、课堂教学方法适当地作一些调整。

第三节 汉语国际教育硕士研究生之中外学生培养现状比较

一、学生方面

（一）汉语国际教育硕士研究生之中外学生学习背景比较分析

汉语国际教育硕士研究生中的中国学生都是母语为汉语的学生，而该专业的留学生来自不同的国家。调查结果显示，3 所高校该专业的留学生的国籍分布广泛，他们的文化背景和母语也大多不同，高校在对该专业留学生的培养上，应考虑不同国家的文化及学生学习习惯。3 所高校汉语国际教育硕士研究生中的中国学生入学前是本科学历的占 97.09%，非本科学历的占 2.91%。汉语国际教育硕士研究生中的留学生在研究生入学前基本上是本科学历，这是因为该专业留学生申请孔子学院奖学金、省政府奖学金、校奖学金时，各高校要求必须达到本科学历。这说明，该专业中外学生入学前的学历都比较高，学习能力较强，这不仅有利于后期研究生阶段的学习，也表明了国际汉语教师的知识水平及文化素养要求都比较高。

如表 2-1 所示，汉语国际教育硕士研究生中的中国学生入学前所学专业与中文专业相关的占 74.76%（其中，66.99% 是汉语国际教育、7.77% 是汉语言文学）。汉语国际教育硕士研究生中的留学生入学前所学专业与本专业相关的只有 48.57%（其中，14.29% 是汉语教育、20.00% 是中文或汉语、5.71% 是汉语翻译、8.57% 是中国学）。研究生入学前是英语专业所占的比例也是中国学生高于留学生。研究生入学前是其他专业的，留学生所占比例明显高于中国学生。根据调查结果，这些其他专业中，中国学生绝大部分是文科专业，而留学生的其他专业中有文科也有理科，且学科跨度比较大。这说明，汉语国际教育硕士研究生中的中国学生大部分在研究生入学前的专业与本专业相关，专业基础比较好，在日后的研究生阶段的专业学习更容易一些；汉语国际教育硕士研究生中的留学生入学前所学专业与本专业相关的不多，并且研究生入学前专业比较复杂，学科跨度比较大，这对后期的研究生阶段的专业学习影响较大，很多汉语国际教育硕士研究生中的留学生入学之前没有汉语国际教育知识基础，研究生阶段的专业学习会比较吃力，不容易理解和掌握汉语国际教育硕士专业相关知识。

表2-1　汉语国际教育硕士研究生之中外学生入学前所学专业比较

选项	中国学生	留学生
与中文相关专业	74.76%	48.57%
与外语相关专业	18.45%	14.29%
其他专业	6.80%	37.14%

（二）汉语国际教育硕士研究生之中外学生学习动机比较分析

从表2-2中可以看出，大部分汉语国际教育硕士研究生中的中国学生在研究生入学前对本专业比较了解，而汉语国际教育硕士研究生中的留学生在研究生入学前只有少部分人对本专业比较了解，大部分留学生对本专业了解不多。这与该专业中外学生入学前的专业背景有一定的关系，同时与高校对该专业的宣传力度及学生所处的地域也有一定的关系。根据访谈了解到，汉语国际教育硕士研究生中的留学生主要是通过孔子学院了解到该专业的。

表2-2　汉语国际教育硕士研究生之中外学生入学前对本专业了解程度比较

选项	中国学生	留学生
非常了解	18.45%	11.43%
比较了解	52.43%	22.86%
有一点了解	27.18%	48.57%
完全不了解	1.94%	17.14%

学习目的及动机是促使学生选择某一专业最直接的动力。汉语国际

教育硕士研究生中的中国学生选择该专业的原因，占比最高的是对该专业感兴趣，为 39.81%；其次是为了提升学历，占 28.15%；觉得容易考上的占 18.45%；想换专业、调剂和躲避就业等其他原因的占 13.59%。汉语国际教育硕士研究生中的留学生选择该专业的原因占比最高的是对汉语及中国文化感兴趣，为 42.86%；其次是由于申请孔子学院奖学金只有该专业可以选择，占 34.29%；打算以后从事汉语教师或与汉语相关的工作和为了增加就业机会的，各占 22.86%；受亲朋好友影响或之前学校教师的推荐而选择该专业的，占 5.71%；单纯为了提高学历的，占 5.71%。汉语国际教育硕士研究生中的中外学生选择该专业的原因各有不同，且差别比较大。中国学生选择该专业主要有两个原因：个人对专业的兴趣和提升学历，其中个人对专业的兴趣占比最多。留学生选择该专业的原因中，热爱中国文化，根据自己的兴趣选择的占比最多。不同的动机会反映出学生不同的需求，也会影响学生的学习积极性。

（三）汉语国际教育硕士研究生之中外学生学习情况比较分析

在学习方式方面，汉语国际教育硕士研究生中的中外学生主要是通过阅读专业书籍和网络资源（主要是知网）进行学习，中国学生平时大多与中国学生交流；同样地，留学生与留学生交流相对较多。笔者根据访谈了解到，在参与调查的 3 所高校中，汉语国际教育硕士研究生中的中国学生和留学生都是住在不同的宿舍楼，分开管理，上课也是分班上课，甚至有些学校该专业的中外学生分别住在不同的校区，所以很少有机会交流。

（四）汉语国际教育硕士研究生之中外学生教学实践比较分析

关于实习地点方面，汉语国际教育硕士研究生中的中国学生在国外实习的占 58.25%，在国内实习的占 39.81%，在国外实习的学生占大多数。在国外实习的汉语国际教育硕士研究生中的中国学生都是经过国家汉办选拔去赴任国的孔子学院或者孔子课堂当汉语教师。留在国内的汉语国际教育硕士研究生中的中国学生，安徽大学是学校全部安排，大部分在本校国际教育学院实习，小部分去合作学校实习；北京语言大学是学校不负责安排，学生需要自己找实习单位，但学校要求必须与专业相关；福建师范大学安排的名额很少，大部分学生要自己找实习单位，实习单位也必须与专业相关。40.00%的汉语国际教育硕士研究生中的留学生是在自己国家的中小学或高校实习，28.57%的留学生在中国国内中小学或高校实习，20.00%的留学生在自己国家公司实习，还有11.43%的留学生在中国国内的公司实习。笔者了解到，对于汉语国际教育硕士研究生中的留学生实习安排上，安徽大学是安排该专业的大部分留学生在本校实习；北京语言大学是安排小部分该专业的留学生在本校实习，大部分需要自己找实习单位；福建师范大学对该专业留学生也会安排在本校或合作院校实习，但绝大部分留学生选择回自己国家找实习单位，他们认为回自己国家实习既没有语言和文化的障碍，也有利于以后在本国找工作。

关于实习时长方面，汉语国际教育硕士研究生中的中国学生在国外实习的最少要实习1年，这是因为在海外当汉语教师志愿者任期通常为1年，根据自身情况，也可以选择留任。留在国内的汉语国际教育硕士研究生中的中国学生实习时间大部分是一个学期，也有少部分是半个学期或两个学期。汉语国际教育硕士研究生中的留学生的实习时间较中国学生来说比较短，根据问卷得知，安徽大学规定该专业留学生回自己国家实习时间一般是2～3个月，留在本校实习的学生实习时间是7周；北京语言大学规定的实习时间是半学期到一学期；福建师范大学规定的实习时间是半年或一学期，但实际实习时间大多在2个月左右。

关于实习内容方面，参与调查的3所高校汉语国际教育硕士研究生中的中国学生基本上是进行汉语教学，少数学生只是听课及班级管理。汉语国际教育硕士研究生中的留学生实习中进行汉语教学的占57.14%，在学校做行政工作的占51.43%，只是听课和参与班级管理的占28.57%，还有22.86%的学生在公司实习。由此可见，汉语国际教育硕士研究生中的中国学生实习期间绝大部分能进行汉语教学，而该专业的留学生只是一部分进行汉语教学。通过调查结果了解到，该专业的留学生回国后不太容易找到可以短期进行汉语教学的单位，在本国中小学、培训机构或孔子学院办公室值班、辅助教学和协助举办学校活动比较多。在公司实习的学生一般是做汉语翻译或与汉语有关的工作。

关于实习期间遇到的困难方面，3所高校汉语国际教育硕士研究生中的中国学生在实习期间遇到的有因为语言障碍导致与学生交流困难、所学的理论知识无法运用到实践中等。汉语国际教育硕士研究生中的留学生实习期间遇到的主要困难有：由于汉语水平的限制，在授课内容的理解和讲解上有一定的困难；在实习中缺乏一定的教学技能和策略；因为文化冲突导致跨文化交际障碍等。在实习中遇到的困难最能反映出学生哪些方面的知识和能力比较欠缺，教师在日常的教学中可以就学生专业知识和技能的薄弱方面进行有针对性的训练。

（五）汉语国际教育硕士研究生之中外学生就业意向比较分析

3所高校参与调查的103位汉语国际教育硕士研究生中的中国学生，大部分学生毕业后打算在国内高校、中小学从事教师职业或教育行业（培训机构等），从事国际汉语教师的比较少，还有一部分学生打算报考公务员或者从事其他与专业无关的工作。汉语国际教育硕士研究生中的留学生参与调查的35人中，对于毕业后打算从事的职业，60.00%的留学生表示会从事与汉语相关的工作，28.57%的留学生表示还没想好，11.43%的留学生表示不会从事与汉语相关的工作。

可以看出，汉语国际教育专业硕士研究生毕业后想当国际汉语教师的留学生比中国学生多。经过访谈得知，很多该专业留学生想回国当汉语教师是因为在他们国家汉语教师工资普遍比其他职业工资高；其次是因为自己喜欢汉语，从事汉语教师工作既可以谋生还可以继续学习汉语。

另外，为支持"一带一路"国家孔子学院本土汉语教师队伍建设，孔子学院总部资助孔子学院聘用获得汉语国际教育硕士专业学位的优秀留学生回国担任本土汉语教师。为支持各国汉语教学发展，孔子学院总部也面向"一带一路"国家之外部分国家招聘本土汉语教师。孔子学院总部资助受聘的本土汉语教师，原则上对每位教师在同一岗位的资助期限累计不超过5年，并根据实际需求为本土汉语教师提供培训及必要的教材、教辅支持。目前，孔子学院推出的资助支持汉语国际教育硕士专业学位留学生回国在孔子学院、孔子课堂从事国际汉语教学政策，对吸引该专业留学生回国担任本土教师及对该专业留学生培养将会起到很好的推动作用。

汉语国际教育硕士研究生中的中国学生之所以只有较少的人选择当国际汉语教师，一方面，因为在国内除留在高校或到少量的国际学校任教外，其他与本专业对口的工作大多是缺少保障的私人培训机构。而国外的就业机会又比较少、就业渠道狭窄，较为正规、有保障的主要是国家汉办提供的职位，但数量很少，并且国外的就业机会期限较短，缺乏连续性，职位大多没有上升空间，回到国内，国外的工作经验对国内的就业帮助又不大。基于这些现实情况，汉语国际教育硕士研究生中的中国学生毕业后没有机会或者不太愿意从事与专业对口的职业，转而从事其他职业，甚至是与本专业毫不相关的工作。另一方面，出国当公派汉语教师要常年待在国外，学习汉语国际教育的硕士研究生中大部分是女生，考虑到人身安全及家庭问题，他们更倾向于在国内工作。

二、教学方面

（一）课程设置

在对课程设置的满意度方面，大部分汉语国际教育硕士研究生中的中外学生对目前本校该专业的课程比较满意，还有部分学生对专业课程设置不太满意。汉语国际教育硕士研究生中的中国学生对课程设置不满意的原因有专业课程中理论课程过多、实践课程偏少、专业技能及才艺课程没有得到重视等。汉语国际教育硕士研究生中的留学生对课程设置不满意的原因有理论课程太多、实践课程太少、对专业技能及才艺课不够重视、中国文化类课程偏少等。汉语国际教育硕士研究生中的中外学生对课程设置不满意的主要原因有认为理论课程过多、实践课程偏少、专业技能训练及才艺课程没有得到重视。

在希望增加比重的课程方面，汉语国际教育硕士研究生中的中国学生希望增加比重的课程是实践课程、必备技能及才艺课、外语课程、第二语言教学及教学法课程。汉语国际教育硕士研究生中的留学生希望增加的课程主要是实践课程、汉语本体知识课程、中国文化知识课程、必备技能和才艺课。可以看出，汉语教学实践类课程和才艺课是该专业中外学生都希望增加比重的课程，另外，该专业中国学生希望增加外语课程，该专业留学生希望增加本体知识和中国文化知识课程。高校在具体课程设置方面可以根据中外学生的不同学习需求进行适当调整。

（二）课堂教学模式

汉语国际教育硕士研究生中的中外学生都表示目前本专业教师的主要授课方式是以教师讲授为主，希望课堂教学加强教师和学生的合作，让学生有更多的机会参与课堂教学。

（三）课堂教学满意度

在对任课教师的总体评价方面，汉语国际教育硕士研究生中的中外学生普遍认为本专业教师的专业素养比较高、教学经验丰富、教学态度很认真。部分学生表示专业教师的授课方式及教学方法需要进一步改进。在课堂教学内容理解程度方面，80.58% 的中国学生表示对上课内容大部分能理解，12.62% 的中国学生能完全理解，5.83% 的中国学生能理解一半。

大多数的留学生能理解课堂授课内容。可以看出，该专业中国学生对教师授课内容的理解程度高于留学生。根据访谈了解到，汉语国际教育硕士研究生中的留学生对于课堂教学内容理解程度不高的课程主要是第二语言习得、教育学、语言学等理论课程。理解程度不高，一方面是由于大部分留学生本科专业与汉语国际教育关系不大，与本专业相关的理论知识较为缺乏；另一方面是由于汉语水平的限制，一些教育学和教学法的专业术语听不懂。

教师的课堂教学决定着学生对课堂教学内容的理解程度，课堂教学在整个汉语国际教育专业硕士研究生的培养中又起到基础性作用，课堂教学质量的高低决定了专业培养目标能否有效实现。教师的教学方法及教学内容符合学生的学习需求，以及学生的接受程度、教师教学能力强都有助于提高该专业学生的培养效果。授课教师在课下应与学生多交流，对学生的学习情况和学习需求多作了解，将课堂教学内容与实际生活相结合，丰富课堂内容，进一步凸显不同课程的特点。

第三章　汉语国际教育硕士研究生实践培养模式

第一节　汉语国际教育硕士研究生"定向培养模式"

一、"定向培养模式"形成的概述

（一）"定向培养模式"形成的理论依据

1.国别差异性

汉语国际教师被派往世界各地从事汉语教学时，遇到的宏观问题大致相同，诸如对对象国语言了解有限、跨文化的交际能力欠缺等，但落实到具体问题时差异较大，如具体对某个国家语言运用能力不足、对对象国语言与汉语之间的对比能力有限、对对象国文化与中华文化的区别了解不够等。不同国家的中国外派汉语教师面临着不同的问题。

（1）语言、文化不同。世界上多数国家都具有自己独特的语言和文化，即便是一种通用语言在多个国家使用，这几个国家之间也存在细微的语言差异和语言承载的文化差异。汉语国际教育硕士研究生只有真正了解对象国独有的语言和文化特点,才能游刃有余地进行语言对比教学、文化对比教学,才可切实提高课堂管理能力和跨文化交际能力;否则,不懂当地语言,无法与家长深入沟通。不了解当地文化,更无法跨文化交际。

吴应辉指出:"不同国家的汉语师资需求虽然存在一些共性,但不论在'量'还是'质'的方面都会存在鲜明的国别差异性……因此,我们对国际汉语师资需求的研究不能只谈目前全球汉语师资的总体短缺状况,还必须深化到国别差异。充分研究汉语师资需求的国别差异性,对于提高国际汉语师资培养的针对性具有重要参考价值。"[①] 李东伟也谈道:"随着汉语热不断升温,一些发展中国家的国际汉语教师需求量仍然在不断增加。但在欧美等发达国家,国际汉语教师数量已趋于饱和,当前需求重点已转向高素质人才。"[②]

(2)汉语教学发展状况不同。随着"汉语热"的不断升温,重视汉语教学的国家逐年递增,但受政治、经济、文化、历史等诸多因素影响,各国汉语教学发展状况各不相同,即便同是亚洲国家,差别也较大。比如,泰国汉语教学走在世界前列,发展较快,从幼儿园、中小学到大学均出现学习汉语的热潮,政府较为支持、鼓励国民学习汉语。越南出现"汉语断层"现象,主要是在大学开设汉语课程,而中小学开设汉语课程较少。缅甸汉语学习尚未合法化,主要是华侨子女以参加汉语补习班形式学习汉语和中华文化。汉语发展状况不同,对国际汉语教师提出了不同要求。

经调研,在不同国家从事汉语教学工作的汉语国际教育硕士研究生面临的挑战各不相同。被派往泰国幼儿园、小学和中学的教师面临的最

---

① 吴应辉.国际汉语师资需求的动态发展与国别差异 [J]. 教育研究,2016(11):144-149.

② 李东伟.国际汉语教师专业发展中的问题与对策探究 [J]. 黑龙江高教研究,2015(7):79-81.

大问题是对象国语言水平低、课堂管理能力差；被派往俄罗斯的汉语教师即便不懂俄语或俄语水平有限，语言障碍和课堂管理问题也影响不大，因为在俄罗斯，开设汉语课的学校多数在大学，而且中国汉语教师一般被安排讲授大三、大四学生课程，所以被外派至俄罗斯的汉语国际教育硕士研究生实习生一般在校园和课堂中不会存在太多语言问题和课堂管理问题；被派往缅甸的汉语教师需要具备较为深厚的中华文化功底和汉语语言学功底，因为汉语教学在缅甸尚未实现合法化，学习汉语的人多数是华侨子女，他们从小跟从父辈学习汉语，所以缅甸学生的汉语课要求教师不仅要讲授语言知识，还要讲授语言学知识。

面对这种差异，"国别定向培养模式"能够提高人才培养的针对性，进而提高汉语国际教育硕士人才培养的效果和效率。"现阶段对汉语国际教育专业硕士培养工作的探索总体上是卓有成效的，但鉴于世界各地区语言文化背景具有地域性特征，且其汉语教育水平呈阶段性差异，为不同地区和国家培养适应现阶段汉语教学工作需求的人才，实际上也存在适应这种阶段性和地域性特征的问题。作为培养单位，应该充分利用'走出去'、'请进来'的方法，了解世界各地的实情，通过了解地域性、阶段性特征来加强人才培养的针对性。"[①] 因此，不同国家汉语发展现状不同，对汉语教师具体教学能力和素质要求也不同，"国别定向"针对性培养能够有效解决以上问题。

2.通才、专才教育相互交融

通才教育在不同历史时期经历了不同发展阶段，但与专才教育相比，通才教育有其独特的思想内涵。通才教育的目标是培养具有高级思维、高深学问、能够实现自我发展的人才。通才教育即博雅教育，注重培养学生理智思维和高尚情操。专才教育与通才教育有所区别，专才教育是指培养专门人才的教育，目的是通过系统地讲授某一学科专门知识，培

---

① 李东伟.汉语国际教育硕士人才培养现状与优化研究[M].北京：中央民族大学出版社，2019：69.

养学生掌握一定专业技能。汉语国际教育硕士的培养，属于硕士层面的人才培养，十分突出高层次、复合型，且汉语国际教育硕士毕业之后更多在海外从事汉语教学和中华文化传播活动，工作环境较为特殊和复杂，工作内容较为精深和庞杂。因此，要求汉语国际教育硕士研究生除具有扎实的语言学功底、较强的跨文化交际能力、灵活多样的教学方法之外，还应具有高深的文化素养、较强的自我反思能力、自我发展志向，需要接受一定的博雅教育。但汉语国际教育硕士毕竟属于专业硕士，要求培养对象经过系统、科学的专业学习和训练之后能够掌握一定的专业技能。因此，汉语国际教育硕士的培养也该属于专才教育。综合以上分析，汉语国际教育硕士的培养应是通才教育与专才教育的融合。汉语国际教育硕士"非定向培养模式"强调加强汉语国际教育硕士综合素养，用以应对未来瞬息万变的工作机会和环境；"定向培养模式"强调人才培养的精细化水平，精细化人才培养目标可以通过有针对性的人才培养手段实现。

3. 社会需求——人才培养的逻辑起点

高等教育的人才培养目标存在两种价值观取向：第一，个人本位价值观；第二，社会本位价值观。个人本位价值观较为强调高等教育的目的在于促进作为个人的每个学生在个性和理性方面的发展，即培养和谐发展的个人；社会本位价值观强调培养的人才主要是为国家和社会服务的。社会本位价值观认为高等教育的价值首先在于促进国家和社会的发展，强调人是社会的产物，教育的目的就是把学生培养成为社会需要的、能够维护社会稳定和促进社会进步的人。汉语国际教育硕士"定向培养模式"所持价值观是社会本位价值观，社会需求是汉语国际教育硕士人才培养的逻辑起点。

不同国家国情不同，汉语发展状况不同，对汉语教师的要求和期待也不同。面对世界各国对汉语教师的不同需求，较难采用统一培养模式培养出满足世界各国需求的汉语教师，只能将培养工作进一步细化，"定向培养"通过扎实的调研，摸清定向培养国家或地域的政治、经济、文化、汉语发展状况等特点，制定汉语国际教育硕士"定向培养"具体目标，在"定向培养目标"指导下设置课程、设计实习实践活动，进而为就业打下坚实基础。

（二）"定向培养模式"的特点

1.培养目标明确

2009 年发布的《全日制汉语国际教育硕士专业学位研究生指导性培养方案》（以下简称《09 方案》）将汉语国际教育硕士的培养目标设定为"具有熟练的汉语作为第二语言教学技能和良好的文化传播技能、跨文化交际能力，适应汉语国际推广工作，胜任多种教学任务的高层次、应用型、复合型、国际化专门人才"。该培养目标指明了汉语国际教育硕士培养的方向。各培养单位在《09 方案》提出的培养目标的指导下，应该根据自身的人才培养理念、基础条件、师资状况、发展特色等提出更为明确具体的汉语国际教育硕士培养目标，因为《09 方案》中并未针对如何培养学生"熟练的汉语作为第二语言教学技能和良好的文化传播技能、跨文化交际能力"、如何培养"高层次、应用型、复合型、国际化专门人才"作出具体说明，而在实际人才培养之前，如何实现这一培养目标是需要深入调研和规划的。汉语国际教育硕士"定向培养模式"正是在《09 方案》的指导下，充分调研海外汉语教学实际需求，认真分析自身发展条件，设定自身发展特色，最终确定的人才培养模式。采用该模式的汉语国际教育硕士培养目标相对明确、具体，主要针对某一个或几个国家培养汉语教师，针对某一种或几种文化进行跨文化交际能力培养。该具体培养目标设定之后，可操作性增强、培养效率提高。

2.课程设置开放

汉语国际教育硕士"定向培养模式"在课程设置方面相对开放。一方面，培养单位注重关注学科特点，遵从学科专家对本专业课程标准作出的统一规定，体现出"学科中心论"下的课程统一性和规范性；另一方面，培养单位还注重课程设置的开放性，这种开放不是盲目无限制地开放，而是依据自身定向培养目标和师资情况开设的校本课程。

相对开放的课程设置打破了以往"放诸四海而皆准"的课程设置状态，提高了教学效率，增强了学生的海外竞争力。经调研，云南大学、云南师范大学、云南民族大学主要针对泰国、越南等东南亚国家开发校本课程，新疆大学、新疆师范大学校本课程主要为满足以俄语为母语的学生的汉语教学而设计，黑龙江、辽宁等东北地区省份又按照韩国、日本等东北亚地区汉语教师的要求安排校本特色课程，着力培养、打造具有针对性的汉语教学人才。由此可见，课程设置相对灵活、开放是汉语国际教育硕士"定向培养模式"的特点之一。

3. 培养方式统一

汉语国际教育硕士培养方式是指汉语国际教育硕士在学习期间接受教育和指导，以完成学业、获得汉语国际教育专业硕士证书的学习和培养方式。采用汉语国际教育硕士"定向培养模式"的培养单位，从培养时间长短来看，主要是脱产培养；从培养单位的方式来看，主要是中外联合培养（本培养单位与定向培养国某一所或几所大学共同培养）；从导师或培养单位的指导方式来看，主要是双导师或多导师制；从毕业汉语国际教育硕士研究生就业去向来看，主要是针对性培养。

4. 培养结果高效

汉语国际教育硕士"定向培养模式"培养效果较好，培养效率较高。经调查了解，采用"定向培养模式"的院校，培养效果主要体现在两个方面：一是显性课程成效大，二是隐性课程效果显著。

显性课程是指学校有目的、有计划传授的知识，是"学生科学文化素质和专业素质的主要教育内容，是学生智能活动的基础，对知识的传授起着主导作用"[①]。采用汉语国际教育硕士"定向培养模式"的培养单位在课程设置方面围绕"定向培养"具体目标，开设了针对性较强的"定

① 杨德广，谢安邦. 高等教育学 [M]. 北京：高等教育出版社，2009：296.

向"培养课程，课程教学内容重点突出，与社会实践和社会实际情况紧密结合。部分院校实行"校内外联合培养"，实行中外学分互认制度。在培养过程中，汉语国际教育硕士有部分课程在海外（毕业之后实习、就业国家）学习，这为其深入了解对象国教育制度、更早适应对象国生活环境提供了帮助。学生毕业时能够拿到国内和国外两所大学的学位，便于在对象国就业。还有个别院校直接邀请具有多年汉语教学经验的对象国知名汉语教师来校授课，教学效果较好。

隐性课程，是指在学校、班级的环境里以无意识的方式对学生的知识、价值、行为规范、情感、态度等产生影响的全部信息的总和及其动态传递模式。采用汉语国际教育硕士"定向培养模式"的院校，师资多数已具有对象国汉语教学经验，不仅对定向培养国家和地区经济、文化、教育、汉语教学等各方面较为了解，还对对象国和对象国人民具有一定感情。这些教师在给汉语国际教育硕士上课过程中，能够自然地流露出对对象国文化的尊重，这些感情和思想潜移默化地影响着即将去对象国实习和教学的汉语国际教育硕士研究生。由此可见，汉语国际教育硕士研究生在隐性课程中获得的各种经验与显性课程相结合构成了整体经验。"定向培养模式"下培养出的学生通过显性、隐性两种课程的学习后，在国内接受有针对性的教学训练后，被派往对象国实习和教学时，适应能力强、语言和文化教学对比准确、教学方法得当，更能满足对象国对汉语教师的要求。

二、"国别定向培养模式"的案例分析

汉语国际教育硕士"国别定向培养模式"是指汉语国际教育硕士培养目标较为明确，专为某国汉语学习者培养的汉语教师，如专为泰国或专为美国汉语学习者培养的汉语教师。经笔者调查发现，国内某重点大学（以下简称 A 大学）尝试汉语国际教育硕士"国别定向培养模式"并取得了一定的成绩。

笔者在调查中发现，A 大学汉语国际教育硕士"国别定向培养"意识贯穿培养模式各个构成环节，具有较强的系统性和科学性。

经调查，笔者了解到 A 大学汉语国际教育专业"国别定向培养模式"是在社会需求决定论思想指导下形成的，主要针对美国培养国际汉语教师。美国汉语教学环境与东南亚地区汉语教学环境区别较大，主要的区别是对汉语教师的需求不再是"量"的需求，而是"质"的提高。美国教育理念、美国学校管理制度、美国学生学习特点、美国汉语教师教学方法等方面的问题与亚洲国家区别较大，很难用统一规格培养出适合美国学生的汉语教师。面对现状，A 大学经过多次赴美考察和调研，最终制订了对美培养汉语国际教师的培养计划，该计划经学院学术委员会多次论证后通过并开始实施，其培养模式的具体构成要素如下。

（一）确立"国别定向培养"目标

国务院学位委员办公室下发的《09 方案》"培养目标"中对汉语国际教育硕士研究生外语水平提出的要求是"能流利地使用一种外语进行教学和交流，具有跨文化交际能力"。A 大学汉语国际教育专业硕士培养目标中将外语能力要求描述得较为具体、明确，即"能流利地使用英语进行教学和交流，具有跨文化交际能力"（见表 3-1）。A 大学汉语国际教育专业"国别定向培养模式"在培养目标构成要素中已有体现，既然是针对美国的国别培养，对汉语国际教育硕士研究生英语要求较高。笔者在对 A 大学汉语国际教育硕士研究生访谈中了解到，报考 A 大学汉语国际教育专业的学生大多数已参加过托福或雅思考试，托福成绩在 80 分以上者占一定比例，个别考生在入学之前已取得托福成绩 100 分以上的好成绩。在读期间，学院对学生外语水平要求同样高于其他同等院校，部分专业课程全英文授课。

表 3-1 "培养目标"对照

A 大学《汉语国际教育硕士专业学位研究生培养方案》"培养目标"	《09 方案》"培养目标"
主要培养具有较高的汉语和英语水平，具有扎实的专业基础和良好的理论素养，具有熟练的汉语作为第二语言教学技能和良好的文化传播技能与跨文化交际技能，适应国际汉语教学工作，胜任多种汉语教学任务的高层次、应用型、复合型、国际化专门人才。具体要求如下： （一）掌握马克思主义基本理论，具备良好的专业素质和职业道德； （二）热爱汉语国际教育事业，具有奉献精神和开拓意识； （三）具备熟练的汉语作为第二语言教学技能，能熟练运用现代教育技术和科技手段进行教学； （四）具有较高的中华文化素养和传播能力； （五）能流利地使用英语进行教学和交流，具有跨文化交际能力； （六）具有语言文化国际推广项目的管理、组织与协调能力	汉语国际教育硕士专业学位是与国际汉语教师职业相衔接的专业学位。主要培养具有熟练的汉语作为第二语言教学技能和良好的文化传播技能、跨文化交际能力，适应汉语国际推广工作，胜任多种教学任务的高层次、应用型、复合型、国际化专门人才。具体要求为： （一）掌握马克思主义基本理论，具备良好的专业素质和职业道德； （二）热爱汉语国际教育事业，具有奉献精神和开拓意识； （三）具备熟练的汉语作为第二语言教学技能，能熟练运用现代教育技术和科技手段进行教学； （四）具有较高的中华文化素养和传播能力； （五）能流利地使用一种外语进行教学和交流，具有跨文化交际能力； （六）具有语言文化国际推广项目的管理、组织与协调能力

（二）开设"国别定向培养"课程

A 大学汉语国际教育专业"国别定向培养模式"在课程设置中特色鲜明，"定向培养意识"在以下三个方面均有体现：一是课程学习时间改革，二是研究生英语课和政治课改革，三是专业课改革。

汉语国际教育硕士一般培养年限为 2～3 年，A 大学汉语国际教育专业硕士培养时间为"1+2+X"，"1"指一学年在校学习；"2"指利用暑假时间开设两个暑期小学期，即正式入学前暑期和第一学年后暑期；"X"指至少一学期的海外学习或实习，即从第二年开始，学生可申请赴海外学习，套读美国高校硕士学位、申请教师资格证，进行海外实习（含汉语教师志愿者项目）。课程时间改革之后，该学院利用第一个小学期时间，聘请在国外工作多年的汉语教学专家对学生进行约两个月的全英文专业课程教学，让学生从入学起即沉浸在全英语环境中学习美国教学模式和教学方法，熟悉相关专业术语的英语表达，为第二学年赴美国学习和实习奠定基础。

在"国别定向培养"意识指导下，A大学汉语国际教育专业大胆尝试"研究生英语"和"研究生政治"2门公共必修课程改革。A大学汉语国际教育专业将"研究生英语"开设为"第一外国语"，该门课以若干专题形式呈现，这些专题包括"英汉对比""美国外语教学标准、原则、应用""托福考试指导"等，内容实用、新颖，较受学生欢迎。"研究生政治"课程名称是"中国特色社会主义理论与实践研究"，该门课以讲座形式授课，课程内容丰富，不仅有中国政治体制、经济发展状况、邓小平理论、"三个代表"重要思想及科学发展观概述、中国文化体制改革政策等传统内容，还开设了诸如西藏问题的过去与现状、新疆问题的过去与现状、中国的计划生育政策和实施、中国外交政策、中国生态问题等新颖内容。政治课程内容调整和创新的原因是美国学生对上述问题较感兴趣，汉语国际教育硕士通过学习相关内容，未来能够以更加科学、合理和得体的方式向美国学生介绍当代中国。

此外，部分专业课也依据《09方案》进行了改革和创新，充分体现了"国别定向培养"特色。《09方案》中建议开设学位核心课"跨文化交际"，学分2学分。A大学汉语国际教育专业依据《09方案》的指导，同时考虑自身"对美定向培养"特色，将《09方案》中建议开设的跨文化交际课程具体开设为"中美跨文化交际"，学分2学分。该门课通过跨文化交际理论的讲解，有针对性地教授给未来在美国工作、生活的学生如何面对和解决跨文化交际障碍问题。同时，《09方案》中拓展课汉语教学类，建议开设"汉外语言对比与偏误分析"，学分2学分。A大学汉语国际教育专业根据自身"国别定向培养"目标，具体将该门课命名为"汉英对比与偏误分析"，该门课有针对性地探讨汉语与英语在语音、词汇、语法方面的差异，以及美国学生学习汉语偏误产生的原因、特点等。另外，在拓展教育与教学管理类方面，A大学汉语国际教育专业开设了"美国教育概况"课程，更是"美国定向培养"在课程设置中的最佳体现。经调研了解，该门课详细介绍了美国教育理念、美国教学管理情况、美国教育中师生关系、美国教师任职资格要求、美国教师基本素质、美国汉语教学情况等内容。

A大学汉语国际教育专业大部分学生有对美从事汉语教学的实习机会，该实习机会分为两类：一是在中国国内参与哥伦比亚大学、密西西比大学、美国各大学联合会中国汉语学校、华语之桥等多个汉语项目的教学，接受目前北美较为流行的汉语教学模式训练；二是赴美国从事海外实习。总之，实习对象国同样以美国为主，可见，其"美国定向培养"定位也落实在了实践实习环节之中。

（三）教学方式、培养方式注重"国别定向培养"

A大学将案例教学方式成功引入了各门课程。汉语国际教育专业依据《09方案》要求，运用团队学习、案例分析、现场研究、模拟训练等方法，力争研究生在课程学习期间接触100个以上不同类型的案例，同时要求研究生自己撰写案例，建立了学院的国际汉语教学案例库。A大学汉语国际教育专业主要采取中国美国联合培养方式，聘请美国汉语教学专家来学校授课、讲座，学生赴美实习期间聘请美国汉语教学专家在美指导。

A大学汉语国际教育专业与美国的南佛罗里达大学、西东大学、波特兰州立大学、罗德岛大学、马里兰大学、西肯塔基大学、乔治·华盛顿大学等院校，联合培养汉语国际教育专业硕士。A大学汉语国际教育专业在核心课程的设置与教学内容等方面与美国高校接轨，美国高校承认该大学部分学分，学生可以利用第二年赴美学习学位课程和教师资格证课程，毕业后可同时获得 A 大学和美国某高校的硕士学位，并可考取美国某州的教师资格证，为学生在美国从事汉语教学职业铺平道路。

三、"区域定向培养模式"的案例分析

汉语国际教育硕士"区域定向培养"是指汉语国际教育硕士培养目标较为明确，专为两个或多个处于同一区域的国家汉语学习者培养汉语教师，如专为东北亚或东南亚各国培养汉语教师。笔者经调查发现，国内某重点大学（以下简称 B 大学）尝试汉语国际教育硕士"区域定向培养模式"。B 大学汉语国际教育硕士"区域定向培养"意识贯穿培养模式各个构成环节，具有较强的系统性和科学性。

B 大学某学院汉语国际教育硕士培养之所以采取"区域定向培养模式"，主要原因如下：一是地理优势。东北亚，按照地理概念加以界定，是指俄罗斯联邦的东部地区（萨哈林岛等地）、中国的东北和华北地区、日本、韩国、朝鲜、蒙古。B 大学地处我国东北地区，与东北亚诸国位置较近，有利于进行汉语需求调研，以及了解汉语学习者的学习特点和要求。二是区域一体化发展的需要。东北亚地区由于历史原因和现代政治原因，区域组织化程度尚待加强，但超越意识形态和政治局限的日益活跃的经济关系早已显示出区域一体化的发展方向。加强区域合作、促进共同发展、构建和谐东北亚已成为东北亚人民的共同目标。汉语成为东北亚人民较受欢迎的外语之一。B 大学某学院正是在这样的时代背景下提出为东北亚诸国汉语学习者培养汉语教师的目标。

（一）确立"区域定向培养"目标

B 大学某学院汉语国际教育硕士培养目标在《09 方案》的指导下，提出了更为具体的培养目标，即主要为东北亚诸国汉语学习者培养汉语教师，实现汉语国际教育硕士的"区域定向培养"。

与针对东北亚 5 国培养汉语国际教育硕士人才相一致，B 大学某学院

明确要求学生除第一外语外，还要选择韩语、俄语、日语、蒙古语之一作为第二外语进行修读，原则上要求每个学生必选一种，多选不限。第一学期结束时进行考核，要求具备较为流畅的口语表达能力和基本的口语翻译能力，合格者可获得 2 个学分。而且，B 大学还充分发挥综合性大学外语师资力量雄厚的优势，全力打造优越的教学和学习环境，汉语国际教育硕士研究生与来自 74 个国家的留学生同楼上课，互动频繁，小语种能力培养成效显著。

由此可见，B 大学某学院办学小语种特色鲜明。语言是文化的载体，语言本身也是一种文化。汉语国际教育硕士研究生只有了解对象国的语言，才能在跨文化理论指导下实现跨文化能力的真正提高，否则只会是纸上谈兵。此外，只有学习且学好对象国语言，汉语教师在国际汉语教学的课堂上才能运用语言对比、文化对比教学技巧，提高教学效率，激发学生的学习兴趣。

（二）设置"区域定向培养"特色课程

在课程设置方面，B 大学某学院为突出与蒙古、朝鲜、韩国、日本等周边国家的地缘优势，开设了面向东北亚地区的有针对性的特色课程，分别是"东北亚国别史""文化体验""汉语教学案例分析""汉外语言对比及偏误分析""跨文化交际"等。通过对以上课程教学大纲的认真研读，笔者了解到以上课程的设置集中体现出"区域定向培养"的基本特征，课程内容针对性强。现将 B 大学汉语国际教育专业"东北亚国别史"课程简介列表介绍，如表 3-2 所示。

表 3-2 B大学汉语国际教育专业"东北亚国别史"课程简介

课程名称	东北亚国别史
课程学分	2学分
教学目标	通过本课程学习，掌握东北亚各国发展历史、文化根源，为汉语国际教育硕士赴对象国从事汉语教学提供理论基础

重点和难点	掌握东北亚各国历史发展脉络
教学对象	汉语国际教育硕士
教学方式	教师讲解、案例分析、小组研讨
教学时数	18学时
第一章	学习东北亚地区区域特征以及东北亚各国间关系
第二章	学习日本历史、近况，了解日本文化及中日关系
第三章	了解韩国历史及其发展现状，学习韩国文化以及中韩关系下的汉语学习情况
第四章	了解朝鲜历史及中朝关系，学习朝鲜政局的变革趋势，掌握朝鲜经典的艺术文化
第五章	学习俄罗斯概况及文化特色，掌握中俄关系，了解远东地区汉语学习情况
第六章	学习蒙古概况及文化特征，掌握中蒙关系，了解蒙古汉语学习情况

与"东北亚国别史"课程相似，"文化体验"课程侧重讲授东北亚诸国文化特征；"汉语教学案例分析"课程中的大多数案例选自针对韩国、日本、蒙古、朝鲜等国进行汉语教学时出现的问题及解决对策；"国别汉语教学调查分析"课程也有重点章节详细介绍了蒙古、朝鲜、日本、韩国汉语教学发展的历史及现状；"汉外语言对比及偏误分析"课程更多将中文与日文、中文与俄文、中文与蒙文、中文与韩文进行语音、词汇、语法对比并释例，针对性较强；"跨文化交际"课程同样在讲授跨文化交际理论的同时，通过大量中日、中俄、中韩、中蒙、中朝跨文化交际案例来提出问题、分析问题并最终解决问题。由此可见，B大学某学院"区域定向培养模式"在课程设置中特色鲜明。

（三）教学方式、培养方法注重"区域定向培养"

B大学某学院"区域定向培养模式"在教学方式方面，通过大量案例教学和高密度专业技能训练，提升学生综合素质和专业能力。关于培养方式，B大学某学院主要采取师生互选的方式确定导师，指导教师参与研究生培养全过程，帮助学生制订学习计划，指导学生选择研究方向。

同时，导师指导与集体培养相结合，指导教师与国内外专家（主要以兼职形式参与汉语国际教育硕士指导）联合培养，国内外专家通过担任部分课程导师、开设专题讲座等方式参与汉语国际教育硕士的指导。国外兼职导师多数由"区域定向培养"对象国的汉语教学专家组成。

由此可见，"区域定向培养模式"在教学方式和培养方式上有所体现。

（四）在东北亚国家建立海外实习基地

B大学某学院十分重视学生实习、实践能力的培养，在海内外建有多家实习基地。B大学分别与俄罗斯伊尔库茨克国立大学、立陶宛维尔纽斯大学、塞内加尔的达喀尔大学合作建立了3所孔子学院，此3所孔子学院也是B大学的海外实习基地。同时，B大学在韩国建有4个海外实习基地。除上述海外实习基地外，B大学还与国内多家教育机构签订协议成立校外实习基地，建立了战略合作伙伴关系，国内校外实习基地有沈阳朝鲜族第一中学、沈阳韩国国际学校等。总之，B大学多数海外实习基地建立在东北亚，大部分国内校外实习基地与东北亚国家汉语人才培养有关。由此可见，B大学实习基地的建设，同样是在东北亚"区域定向培养"目标指导下建设和运行，人才培养具有较强的科学性和系统性。

四、"定向培养模式"所属类别的实施条件

（一）"国别定向培养模式"的实施条件

1.对象国汉语学习者人数众多

"国别定向培养"对象国汉语学习者数量一般较多，相应地，对汉语教师的需求量也较大。"国别定向培养"对象国对汉语教师的需求形式丰富、层次多样。所谓形式丰富，是指既有主流教育体系对汉语教师的需求，又有民间教育机构对汉语教师的需求；所谓层次多样，是指既有幼

儿园、中小学对汉语教师的需求，又有大学甚至研究生、博士生对汉语教师的需求，如泰国、韩国、日本等均属于汉语学习者人数较多的国家，这些国家较为适合成为国内院校"国别定向培养"的对象国。

2. 对象国汉语教学发展成熟

"国别定向培养"对象国汉语教学事业一般能够得到当地政府的支持，受到当地民众的欢迎，近10年发展较快，对汉语教师的需求不仅表现在"量"的需求，更有"质"的要求。由此可见，"国别定向培养"对象国对汉语教师的要求已经不再是科班出身、学历较高的要求，而是语言、文化、能力甚至任教时间等诸多方面更专业、更深入、更有针对性的要求，这些要求正是汉语国际教育硕士"国别定向培养"优化的方向。

3. 对象国经济发展水平较高

"国别定向培养"对象国一般经济发展水平较高，因为采用"国别定向培养"模式的培养单位的培养目标是将汉语国际教育硕士培养成能够满足某个国家汉语师资特定需求的汉语教师，不仅要求汉语国际教育硕士研究生在对象国实习，而且希望汉语国际教育硕士研究生毕业之后能够长期甚至终身留任对象国从事汉语教学工作和中华文化传播工作。因此，在选取定向培养对象国时也要考虑汉语国际教育硕士研究生本身的思想状况，如若选取条件过于艰苦的国家作为对象国，可能在汉语国际教育硕士招生时会出现生源不足问题，而诸如美国、德国等发达国家，对于汉语国际教育硕士研究生来说，吸引力会更大。因此，对象国经济发展水平也是运用"国别定向培养模式"时需要考虑的条件之一。

（二）"区域定向培养模式"的实施条件

1. 区域内各国汉语需求量有限，需实现资源整合

一般情况下，区域内诸国汉语学习者数量有限，不足以被培养单位选定为汉语国际教育硕士国别培养对象。但是区域内诸国如若实现资源整合，其汉语学习者数量便会大幅增加，对汉语教师的需求量也会相应

增加。汉语国际教育硕士培养单位往往选取距离本校所在地区较为接近的区域，将区域内两个或两个以上国家作为汉语国际教育硕士培养对象国，形成汉语国际教育硕士"区域定向培养模式"。

2. 区域内各国家和地区经济、文化交融度高

"区域定向培养"对象国之间不仅地缘关系密切，经济、文化交融程度也较高。区域内各个国家尽管有不同的语言和文化，但由于地理位置接近、自然环境相似和彼此往来密切，人们的饮食、习俗、文化相似之处相对较多。而这些相似之处正是汉语国际教育硕士培养单位采用"区域定向培养"的原因和理论依据，也是选取对象国时需要考虑的重要因素。

第二节　汉语国际教育硕士研究生"非定向培养模式"

一、"非定向培养模式"的形成概述

（一）"非定向培养模式"形成的理论依据

1. 人的全面发展学说

马克思主义创始人在继承前人思想精华的基础上，运用历史唯物主义观点创立了"人的全面发展学说"。该学说的核心观点是人的体力与智力得到充分自由的发展与运用。在"人的全面发展学说"指导下，高等教育目标由知识、能力、品德、体质四个基本要素组成。知识目标是指学生需要掌握必要知识并形成合理知识结构。能力目标可分为一般能力、特殊能力、创造能力。其中，一般能力是指完成活动任务所需要的能力；特殊能力是指完成特定活动任务所需要的能力，即专业能力；创造能力是指一般能力与特殊能力的最佳结合，也是能力的最高层次。一般能力是特殊能力和创造能力的基础，只有掌握好一般能力，才有可能具备后

两种能力。能力的本质属性之一是"适应性"，即能够根据外界环境的变化作出即时反馈和应变。① 品德目标是指正确世界观、人生观、价值观的树立，坚持正确的政治信仰和政治态度，形成良好的道德品质与道德行为，拥有健康的情感与心理等目标。体质目标是指要有健壮的体力、体质，还要掌握一定的健身知识和运动技能。汉语国际教育硕士综合素质和优秀品质的培养是第一位的，当其具备相应能力之后，可以在不同国家从事汉语教学甚至可以在国内相关行业工作。因为学生具备相关工作能力之后，可以根据具体工作问题调整工作思路与方法，进而完成工作任务。

2.个人本位价值观

个人本位价值观认为高等教育的目的是促进学生在个性和理性方面的健康发展，即培养知识、能力等各方面协调发展的个人。高校在设定人才培养目标时，应立足个人需要和个人发展，教育是为人自身生活需要而服务的。"个人本位目的观一般较为关心个人价值，关心人的身心健康发展和生活的美满幸福及健全的人格等，主张实施自由教育、人文教育和普通教育。"② 个人本位价值观强调个体利益、兴趣和社会参与的自我实现。个人本位价值观认为在高等教育的实践中应注重促进人自身的理智发展，注重个人品质的形成、个人潜能的发挥，教育目的中应更多体现受教育者的自身要求。个人本位价值观应该"更多采用普通教育的模式，对学生实施一种共同的理智训练，使青年人获得思想踏实、表达合理、随机判断、明辨是非的品质，课程安排围绕训练心智展开，使个体的未来发展建立在一个良好的广泛的认识基础之上"③。汉语国际教育硕士"非定向培养"较为注重对学生进行通识教育和宽口径培养，希望学生能够在统一理论指导下解决不同的具体问题。

---

① 杨德广，谢安邦.高等教育学[M].北京：高等教育出版社，2009：103.

② 谢安邦.高等教育学[M].北京：高等教育出版社，2002：55.

③ 谢安邦.高等教育学[M].北京：高等教育出版社，2002：58.

3.普适性优于针对性观念

部分专家学者认为，汉语国际教育硕士培养的普适性优于针对性。普适性与针对性的关系，可以这样概括："普适性是第一性的，针对性是第二性的；普适性属于基础层面，针对性属于提高层面；普适性要满足普遍要求，针对性是满足特殊要求。"① 汉语国际教育硕士毕业后面临汉语教学中诸如学习者母语背景、本土教材、特殊教学对象与环境乃至特殊国情等差异，但通过普适性教学原则、方法、手段培养出的汉语国际教育硕士具备根据教学环境的改变而调整自身教学手段的能力，能够适应特殊情况。关于针对性问题可通过短期培训完成。汉语教师的培养首先完成的是普遍认知能力的培养，具备普遍认知能力的教师可以实现"放之四海皆可用"的效果，而非仅用于某种特殊环境与适用某种特别对象。普适性是基础，没有普适性就不会有针对性。在一般状态下，按照普适性原则来培养汉语教师，在此基础上根据特殊需求来培训和培养针对性师资，前者是常态的、按部就班的、长期的，后者则是非常态的、定向的、短期的。

（二）"非定向培养模式"特点

1.充分挖掘自身优势

"定向培养模式"与"非定向培养模式"相比，最大区别是"向外"与"向内"之差异。"定向培养模式"在确定具体培养目标之前，首先向外远视，调研海外汉语教学环境、特点和需求；其次对内反思自身条件如何改善，进而满足海外汉语师资培养需求，其确定的培养目标和发展特色的技术路线是"由外至内"。"非定向培养模式"恰好相反，在确定汉语国际教育专业硕士具体培养目标之前是"向内"，充分分析自身培养单位办学层次、办学传统和办学特点，充分摸清师资结构、学生特点，

---

① 潘先军.汉语国际教育硕士培养的普适性与针对性[J].学术研究，2015（3）：129-131，160.

然后选择最佳培养方案。

"非定向培养模式"充分挖掘自身优势并以自有的资源禀赋为条件，通过办学过程能动地与社会环境及其他高等教育相互作用，进而形成相对有利的发展空间。自身优势及自有资源禀赋主要包括两个层面：一是学校层面，二是学院层面。采用"非定向培养模式"的培养单位首先找准所在大学的办学层次和办学特色，其次分析承担汉语国际教育专业硕士培养任务的培养学院办学状况（包括师资状况、硬件设施、管理制度等），最终选取办学目标和发展特色。"非定向培养模式"确定培养目标和发展特色的技术路线是"由内至外"。由此可见，充分挖掘自身优势，根据自身办学实际情况确定汉语国际教育硕士培养模式是汉语国际教育硕士"非定向培养模式"的特征之一。

2.注重学生综合素质培养

采用"非定向培养模式"的培养单位与采用"定向培养模式"的培养单位相比，在基本素质和特殊素质培养方面，更注重前者。这些培养单位一般不以就业为导向，不以单纯职业技能培养为目标，而是更为注重对汉语国际教育硕士研究生普世素质的培养，以拓宽就业渠道，把为社会培养宽口径、复合型人才作为人才培养目标。所以，注重学生综合素质培养是"非定向培养模式"特征之一。

（三）"非定向培养模式"分类

目前，我国汉语国际教育硕士研究生"非定向培养模式"大致可分为两类：一是"科研—实践型培养模式"，二是"实践型培养模式"。

"科研—实践型培养模式"是指在汉语国际教育硕士培养过程中既注重学生实践能力培养，又注重学生科研训练，在课程设置、论文写作等培养环节对学生科研水平具有一定要求。采用该培养模式的培养单位多为科研型或是科研教学型大学，这类大学一般既开设汉语国际教育硕士专业学位，也招收汉语国际教育学术硕士方向研究生，汉语国际教育专业一般设立在文学院或单独设立学院。

"实践型培养模式"是指在汉语国际教育硕士培养过程中注重学生实践技能的培养，且将学生技能培养创新作为人才培养的首要目标，这一目标在人才培养模式各个组成要素中均有所体现。采用"实践型培养模式"的培养单位多将汉语国际教育硕士点设立在留学生教育学院，该学院一般仅培养汉语国际教育专业硕士，不再招收汉语国际教育学术硕士方向研究生。

二、"科研—实践型培养模式"的案例分析

经笔者调研，国内某重点大学（以下简称 C 大学）之所以提出汉语国际教育硕士"科研—实践型培养模式"，其原因如下：第一，充分挖掘培养单位办校优势、学科发展优势。C 大学是我国"211""985"重点大学，属于科研型大学。该大学较为重视基础研究和理论研究，具有"兼容并包、自由民主"的学术传统。第二，师资问题。C 大学汉语国际教育专业师资与本学院对外汉语教学学术硕士师资相同，因此，即便有分类培养指导思想，教师的学术取向和教学风格还是会比较一致地显现出来，为两类硕士研究生的培养注入更多相似因素。第三，生源特点。C 大学汉语国际教育专业每年招收 30 名学生，学生专业背景多数为对外汉语和中文专业，近 3 年对外汉语和中文专业学生在总人数中占比均在80% 左右，生源整体素质较高，语言学、文学和中华文化功底相对深厚。相应地，入校后学生对新知识接受能力和对课程的期望值较高。学生希望教师在课堂讲解过程中加强理论讲解，渴望对问题进行"知其所以然"式的探讨。面对以上客观情况，C 大学对外汉语教育学院经过多年的探索，逐渐形成了汉语国际教育专业硕士"科研—实践型培养模式"。

（一）设立"科研、实践并重"培养目标

世界上任何一所一流大学均不是以就业为导向的，而是以人才综合

素质、综合能力的提高为目标。C 大学汉语国际教育硕士研究生的培养目标更注重宽口径、复合型人才的培养，更注重学生综合素质和综合能力的提高。

关于发展特色，C 大学十分注重对学生个人职业发展能力和自我反思能力的培养，通过教师发展及成长最新理论的讲解，指导学生了解国际汉语教师工作的本质和特点，提早明确个人职业发展方向。此外，C 大学十分注重对学生成为"反思性实践者"的培养。

由此可见，"科研—实践型培养模式"的培养理念、培养目标与定向培养的几种培养模式迥然不同。

（二）课程设置注重对学生科研能力的培养

C 大学汉语国际教育硕士课程较为突出学术性，这种学术性主要表现在以下三个方面。

一是对任课教师的学术考查。新开课或新的任课教师都要满足一些基本要求，如在相关领域发表过论文，对课程有自己的思考等。教师提出的课程申请需要在学术委员会上报告，经学术委员会讨论通过并上报学校批准后才可以上课。

二是课程内容需具有学术性。汉语国际教育专业虽强调对学生实践能力的培养，但 C 大学并未放松对学生学术能力的培养要求，学生也在教师课程评价中多次提出教师讲课内容要加强学术性的要求。在 C 大学这样一个研究型大学中，汉语国际教育硕士同样需要重视理论修养的提高，这是提高学生课堂教学能力的关键。该大学每一门课程均有一定时间的理论讲解，且任课教师准备充分，课程教学内容具有一定深度。

三是课下学术活动多样，提升课程教学效果。与课程相呼应的是课下学术活动。C 大学汉语国际教育专业定期组织各种学术活动。第一，国际汉语讲堂活动。在该活动中，学院邀请国内外语言学界与国际汉语教学界著名学者来学院讲座，学生可以及时了解本专业最新研究动态。

第二，师生读书会。师生读书会由导师与自己同门学生组成，一般每周 1 次，每次 3 ～ 4 小时。活动主要分为"共读文献研讨""学生自选文献介绍"和"国际汉语教学实践经验介绍"3 个环节。第三，汉语国际教育硕士学生讲堂。该活动由学生自发组织、参与，学生就自己的最新研究成果在讲堂中以讲座形式讲解，同学之间相互学习，或者是提出自己论文写作设想，请同学提出宝贵意见和修改建议。第四，特色课程的开发。C 大学汉语国际教育硕士课程中有两门课程是《09 方案》中未列出的课程："特殊目的语言教学"和"教师发展概论"。"特殊目的语言教学"重点处理如何为特定教学项目设计语言教学项目。"教师发展概况"通过介绍教师发展及成长的最新理论，指导学生对教师思维方式和行动方式进行深入探究及教学反思。这两门课程的教学内容理论新颖，体现出硕士层面课程的教学深度、广度和新度。

（三）管理制度完善

C 大学某学院从 2010 年起，依据汉语国际教育专业已有培养经验，先后制定了各种管理制度。笔者在调研中发现"指导教师分配方案"得到了 C 大学某学院汉语国际教育专业学生的欢迎和认可，一改以往由于沟通不足导致"学生分到不太心仪的教师、教师分到不太认可的学生"的弊端。此外，《研究生开题须知》《研究生答辩注意事项》《研究生学位论文格式要求》等规章制度的制定，对汉语国际教育硕士提出了与科学硕士相同的要求。可见，严格的管理、完善的制度是汉语国际教育硕士"科研—实践型培养模式"得以实现的重要保障。

三、"实践型培养模式"的案例分析

某大学（以下简称 D 大学）"实践型培养模式"与 C 大学"科研—实践型培养模式"均未强调对汉语国际教育硕士研究生的定向培养，而是根据自身院校的办学层次、学科特点挖掘汉语国际教育硕士培养的新亮点，这是"实践型培养模式"与"科研—实践型培养模式"的相同之处。但是，尽管二者均属"非定向培养模式"，但在办学认识方面存在差异。比如，在汉语国际教育专业硕士与学术硕士关系问题上，二者观点迥然不同。C 大学汉语国际教育专业硕士研究生导师谈到汉语国际教育专业硕士与学术硕士（汉语言文字学专业对外汉语教学方向）关系时所持观点是，二者都属于汉语第二语言教学这一学科，它们的共同点要多于不同点。与此相反，D 大学汉语国际教育专业硕士培养强调专业硕士与学术硕士之区别，只有认清二者的区别才能为培养高层次、应用型、复合型、国际化专门人才确定标尺和边界。D 大学汉语国际教育专业硕士培养在整体规划设计上着重突出专业学位教育，区别于学术型硕士研究生教育的应用型人才培养特色，其以职业需求为导向，针对汉语国际教育教师特有的要求确定培养规格、标准，突出实践环节创新培养。

D 大学国际教育交流学院在以上培养理念指导下提出了"贯穿全程实践培养"的具体目标，并在该目标指导下将实践培养创新落实到了培养模式个别要素之中，具体表现如下。

（一）培养目标明确——全程实践

D 大学汉语国际教育硕士培养目标相对具体，即全程贯穿实践，对接职业需求，通过打牢基础、专家讲授、双向评价、质量监控、"见习—实习—顶岗—就业"5 个环节实现国际汉语教师的新型人才培养目标。培养目标较为明确和具体，指导性和可操作性较强。

（二）课程设置注重实践能力培养

D 大学汉语国际教育专业硕士课程设置体现了注重实践能力培养的特色，具体表现在以下三个方面。

一是课程内容相对丰富，紧跟海外需求。D 大学针对海外汉语教学实际情况，在《09 方案》基础上增设了多门有助于学生未来职业发展的新课程，笔者旁听了部分新增课程，课程内容均较为贴近海外工作实际。新增课程有"课堂管理""心理调适""事件处理""外事素养"等。D大学通过组建国际化师资团队的形式，聘请海内外汉语国际教育领域的知名专家学者承担专业课程和专题讲座。此外，为培养汉语国际教育专业硕士的才艺和中华文化组织能力，D大学还聘请具有丰富经验的"职业人"走进课堂讲授才艺，曾聘请专业声乐教师指导训练中国歌曲演唱技巧，聘请少年宫教师讲授实用的教学游戏和教学教具使用技巧，聘请书法家教授传统和应用书法等，课程内容较为丰富，多角度提升了学生的实践能力。

二是课程体系建设较为完善，融入了"文化实践"元素。D大学在课程体系设计上紧紧围绕"上手快、技能强、过得硬"的职业要求，精心设计出较为完善的模块式课程体系，"传授形式"改革成果突出。任课教师在"国外汉语课堂教学案例分析""汉语课堂观察与实践""汉语教学技能与技巧""国别汉语教学分析"等课程中结合理论讲解安排课堂观察、录像观摩、微课试讲等实践内容，践行精讲多练教学原则，教学效果较好。

三是引入一线教学真实案例，教学内容不断更新。D大学着重收集海外汉语教学一线真实案例，精选后并将之加工、深度分析之后及时结合课程理论引入课堂教学，使学生广泛了解各国汉语教学实况、特点和内在规律。

（三）实践实习活动丰富，体现实践型特征

D大学汉语国际教育硕士研究生"实践型培养模式"，其实践型特征体现较为明显的构成要素是实习实践。在实习实践环节，D大学的创新之处主要表现在以下三个方面。

1."见习、实践、实习、顶岗、就业"全程实践创新

D大学在汉语国际教育硕士研究生实践培养环节大胆创新，提出"见

习、实践、实习、顶岗、就业"全程实践培养目标后，在实践环节设计时可谓前后呼应、环环相扣，系统性很强。其实践特色可概括为"早、长、全、严"。"早"是指学生见习时间早，学生一入校就被分组安排在不同层次国际学生真实课堂内观摩见习，体会教学规律；"长"是指实践锻炼时间长，几乎贯穿 2 年培养历程；"全"是指学生得到了课堂观察、反思、实践、顶岗等逐级、逐项全方位锻炼，而且每一实践项目均在理论指导下和教师辅助、督察下完成，科学有效；"严"是指各个实践环节学校管理十分严格，均在专任教师全程监督、指导下完成。

2. 建立"一盯一"实习实训语伴

"一盯一"实习实训语伴实践活动是 D 大学为本校汉语国际教育硕士研究生量身打造的利用课余时间参加实践锻炼的新方式，具体做法是该专业学生入校后即为其配备"一盯一"的外国留学生，形成固定的实践实习语伴。为加强实践实习监督和管理工作，中外学生还签订相关协议，保证每周开展 5 小时及以上实践、实训和教学活动。D 大学还建立了每周实践实习活动登记报告制度，对常规性的实践活动进行精细化管理。开展这一实践活动的目的是让汉语国际教育硕士研究生在指导教师的指导下，能够与留学生提早接触、了解，中外学生教学相长、对口援助，提高语言技能，摸索职业规律，真正实现实践活动贯穿全程、延伸课外。

"一盯一"实习实训语伴制度是 D 大学"实践型培养模式"中实践环节的一个特色和亮点。

3. 实习实践管理严格，实行导师跟踪负责制

D 大学在海外已经建立 20 所实习基地，为学生海外实习提供了便利条件。有了良好的实习条件，D 大学十分注重质量把关，实施了"导师全程登记跟踪负责制"。所谓"导师全程登记跟踪负责制"，是指按照 D 大学制定的《汉语国际教育专业硕士实习登记手册》要求每位实习生实习计划明确、实习时间充足、实习质量有保证。在实习开始之前，选定实习导师，需导师签字确认。在不少于 6 个月的实习期间，导师对学生

给予全程实习指导、监督和评定。比如，学生在实习前需提交有导师签字的详细教学教案，实习期间定期上交标有实习指导教师指导评语的实习记录，实习结束后指导教师、授课对象对实习生进行双向教学满意度评价，实习单位出具具体评价报告。学院最后依据指导教师实习跟踪整体情况、双向综合满意度评价、指导教师打分、接受实习生单位评语、教学教案及实习记录等进行综合评定，给出实习成绩。

D大学"实践型培养模式"在实习实践构成要素中提出的"导师全程登记跟踪负责制"是在全方位调研和长期实践经验基础上实行的，有利于提高学生的实践能力。

四、"非定向培养模式"所属类别的实施条件

（一）"科研—实践型培养模式"的实施条件

首先，"科研—实践型培养模式"适合国内"211""985"重点高校采用，因为重点高校具有培养汉语国际教育硕士研究生科研、实践能力的便利条件和独特优势。我国国内"211""985"重点高校教育理念是"精英教育"，研究能力和创新精神是研究型大学人才质量的集中体现和主要标志。虽然汉语国际教育硕士属于应用型特点突出的专业硕士，但是国内"211""985"重点高校在"精英教育"理念指导下也不会放松对学生科研意识的培养，因为培养硕士研究生的科研能力是研究型大学提高人才培养质量的客观要求。

其次，采用"科研—实践型培养模式"对师资提出了较高要求，不仅要求教师具有相对丰富的汉语国际教学经验、汉语国际教育硕士培养经验，还要求具有相对较高的科研水平。此外，汉语国际教育硕士导师能够给予学生参与课题的机会，能够指导学生在自身实践基础上进行相关研究。

再次，采用"科研—实践型培养模式"的培养单位一般具有浓厚的

学术氛围，这种浓厚的学术氛围主要表现在具有实事求是、治学严谨的学风，具有相对宽松、自由的制度环境，具有对真理不懈追求的精神，具有百家争鸣、百花齐放的人文精神。浓厚的学术氛围能够激发学生的科研灵感和研究欲望，是培养汉语国际教育硕士研究生科研能力不可或缺的软环境。

最后，采用"科研—实践型培养模式"需要严控规模。优质的学生是实施"科研—实践型培养模式"的必要条件。前文提到的软件、硬件等方面的优势，为吸引优质的学生打下了良好基础。此外，采用"科研—实践型培养模式"在选择学生时要"优中选优"，因为只有选到具有扎实的基础知识、突出的学习能力、较强科研潜力的学生，才能为"科研—实践型培养模式"的实施打下坚实的生源基础。

（二）"实践型培养模式"的实施条件

首先，汉语国际教育硕士"实践型培养模式"适合国内教学—科研型或教学型高校采用。因为教学—科研型或教学型高校具有重视教学改革和实践创新的办学传统，在实践教学方面投入了大量人力、物力和时间成本，为汉语国际教育专业实践型人才培养打下了坚实基础。采用"实践型培养模式"的院校应强化专业硕士突出实践取向的培养意识，重视汉语国际教育教学中的实践取向，以实践为辐射点，在实践中培养汉语国际教育硕士研究生的外显行为，从实践的广度和深度出发来促进汉语国际教育硕士研究生努力掌握国际汉语教师职业知识和技能，使国际汉语教育教学实践活动成为汉语国际教育硕士研究生就职前具有扎实基础的平台、就职后专业发展的出发点。

其次，"实践型培养模式"的实施需要强化顶层设计。机制与体制、措施与政策既是教育理念和思想的反映，也是教育活动的航标。汉语国际教育硕士"实践型培养模式"的实施需要政府、校方的重视和鼓励，毕竟现行高校教师职称和考核的主要指标是教师科研成果，而对学生实践能力培养和实践活动创新则需大量时间与精力，以及反复实验和摸索，如果没有政策和制度的导向与保障，较难将"实践型培养模式"实施得科学、高效。

最后，"实践型培养模式"的实施要创造能够实现汉语国际教育专业实践型人才培养的实践条件和学习环境。根据实践型人才培养模式及改革试验需要，尽可能地、有意识地改造已有实践场所、教室等学习空间，如有条件的建立微格教室或在海内外建立更多国际汉语教学实践基地，目的是创造有利于主动性学习、经验性学习、互动性学习的环境和条件。

总之，为了实施汉语国际教育硕士"实践型培养模式"，需要较长时间深入开展"实践型人才培养模式"的改革试验和创新研究。首先，按照汉语国际教育硕士"实践型培养模式"的具体培养目标、培养要求，围绕"教什么"和"怎么教"等问题，在国家和学校政策、资源支持下，努力引进和培养一批适应"实践型人才培养模式"的国际汉语导师队伍。其次，开展以课堂教学为中心、以培养方案和课程大纲为重点、以人才培养模式探索试验区为平台的汉语国际教育硕士"实践型培养模式"研究。只有做到以上两点，才能优化汉语国际教育硕士"实践型培养模式"，才能为汉语国际教师培养做出更大的贡献。

第三节　汉语国际教育硕士研究生实践培养模式优化

一、加强层级化培养意识

汉语国际教育硕士研究生专业层级化培养意识缺失是人才培养的问题之一。目前，"定向培养模式"或"非定向培养模式"培养出的汉语国际教育硕士赴海外从事汉语教学时，仅有少部分人能进入高校讲授中文或承担中文、中华文化选修课程，大多数人只能进入海外幼儿园、中小学任教。

海外大学汉语国际教师的主要任务是完成汉语、中华文化相关知识的教学，而课堂管理问题和学生成长发展问题考虑较少；中小学汉语教师知识性教学是一个方面，课堂管理同样是其工作的重要组成部分；幼儿园汉语国际教师知识性教育十分有限，且有限的知识性输入更多通过游戏形式让儿童习得，除此之外，其工作任务还包括为儿童提供一个安全、幸福、友爱的环境，平等地对待每一个孩子，促进每位儿童在身体、心理、社会性、智力等各个方面的发展，使每个儿童的潜力均能得到最大限度的开发。大学阶段要求汉语国际教育注重汉语和中华文化学科知识传授；中小学教学要求"儿童发展知识"和"学科知识"并重，高年级时，逐渐过渡到以学科知识为主；幼儿园的汉语国际教师以"儿童发展知识"为本体性知识，学科知识仅为工具性知识。

在海外从事幼儿园汉语教学、中小学汉语教学、大学汉语教学差别较大，对汉语国际教师提出的要求也不同。汉语国际教育硕士培养单位应尝试汉语国际教育层级化培养。所谓层级化培养，是指为海外幼儿园、中小学、大学不同学龄的汉语学习者培养与其年龄特征、性格特征、教学内容、教学环境相适切的更能凸显专业特征的汉语国际教师。目前，我国国内并无一所院校尝试汉语国际教育层级化培养，而这种培养意识是海外汉语教学的现实需求。

可见，未来汉语国际教育专业可尝试幼儿汉语国际教师、中小学汉语国际教师、大学汉语国际教师分层级培养。

他山之石，可以借鉴。在英语作为第二语言专业硕士培养中，部分院校实行英语国际教育层级化培养。例如，美国纽约大学在"英语作为第二语言专业硕士培养方案"中分列出"对成人（高等院校学生）英语作为第二语言教学师资培养""对儿童（幼儿园、中小学）英语作为第二语言教学师资培养"两个不同方向，供刚入校的英语作为第二语言的专业硕士根据自己兴趣选择。两个方向一半课程相同，一半课程不同，不同课程各自突出层级化培养特色。例如，在"对成人（高等院校学生）英语作为第二语言教学师资培养"方向中开设了"大学（成人）英语二语教学课堂教学技巧""英语学习者学术英语写作研究方法与实践""多种语言影响下、多元文化背景下跨文化交际研究"等针对性课程，而对"儿童（幼儿园、中小学）英语作为第二语言教学师资培养"方向未涉及以上课程。与此相反，"对儿童（幼儿园、中小学）英语作为第二语言教学师资培养"方向开设了"面向中小学二语教学课堂教学技巧""青少年发展""中小学二语教学课堂管理""都市语境中青少年学习者研究""幼儿园至六年级的对外英语教学（TESOL）学生教学研讨会""七至十二年级的 TESOL 学生教学研讨会"等针对性课程，选修课中开设"吸毒教育和酒精教育""教师的社会责任——虐待儿童鉴定和校园暴力预防"等课程。由此可见，对外英语教学培养单位较为重视对不同学段学生层级化培养二语教师。日语作为二语教育专业培养院校同样具有层级化培养意识。例如，早稻田大学的日本语教育专业虽未像纽约大学划分出对成人（高校）和未成年（中小学、幼儿园）等不同的培养方向，却通过加大选修课比重的方式实现层级化培养。具体实现方式为培养单位开设"日本语教育研讨课程模块""日本语教育实践训练模块""日本语教育学理论研究模块"课程，各板块中既有针对"成年人日语教学"教师教育的相关课程，也有针对"中小学"和"幼儿园"教师教育的相关课程。学生可以根据自身兴趣和未来职业要求选择课程学习，保证修满 30 学分即可。

目前，汉语国际教育专业尚待加强层级化培养意识，这正是"定向培养模式""非定向培养模式"共同面对的新问题。

二、树立国际化培养理念

"促进中华文化的海外传播，既是实现中华民族伟大复兴的重要使命之一，也是我国综合国力不断提升的必然要求。"[①] 汉语国际教育硕士作

---

① 李东伟."一带一路"下的中华文化海外传播 [J]. 人民论坛，2017（24）：130-131.

为中华文化海外传播的重要使者，需要具有国际化意识。

培养汉语国际教育硕士研究生国际化培养理念是汉语国际教育专业培养模式优化的方向。

世界高等教育大会于 1998 年发表了题为《21 世纪的高等教育：展望和行动》的世界宣言，宣布未来教育发展的主要趋势为高等教育国际化。美国十分重视人才培养国际化问题，如"哈佛大学力争'让每个美国学生到海外吸取经验'。耶鲁大学提出'通过教学科研、学生、国际合作和教学手段'的全球化为美国和全世界培养领袖人才的战略目标"①。为使欧洲高等教育重现辉煌，欧盟推出了"欧洲大学生流动行动计划"，发布了《博洛尼亚宣言》。亚洲各国努力抓住高等教育国际化提供的发展机遇，实现自身跨越式发展。例如，新加坡实行了联合培养计划，日本早稻田大学提出了建设"有日本特色的培养世界人的世界性大学"的口号。

近年来，中国同样十分重视高等教育人才培养国际化问题。中国教育与全球教育从未像现在这样联系得如此紧密。进一步扩大开放，实现更高水平的教育开放发展，是我国教育发展的新需要，更是新时期国家经济社会发展的新需要。我国坚持教育对外开放，以我为主、兼容并蓄，双向交流、合作共赢，办出中国特色、世界水平的现代教育。

在教育国际化背景下，研究生教育国际化培养是高等教育中人才培养价值观的重要内容，也是实现我国高水平、复合型人才培养目标的内在要求。汉语国际教育硕士是外向型的专业硕士，该专业以培养适应汉语国际推广工作、胜任汉语作为第二语言/外语教学的高层次、应用型、复合型人才为目标，要实现该目标，在其培养过程中需树立国际化培养理念。汉语国际教育硕士国际化培养理念，是指在汉语国际教育硕士培养过程中，培养单位树立国际化培养目标，设置国际化课程，实现中外联合培养，帮助学生海外实习与就业，指导学生开展关于世界各国汉语

① 刘丽霞，刘惠琴.加强国际化培养　提高研究生教育质量[J].学位与研究生教育，2010（12）：21-24.

教育的国别化和区域化选题研究，通过两年或三年弹性学制的学习，使学生树立国际化意识，具有国际化视野，在世界各国汉语教学领域具备较强国际竞争力。

在汉语国际教育硕士培养过程中，培养单位决策者、管理者的国际化意识和理念非常重要。决策者制定培养单位长期、整体发展战略，对培养单位的战略部署拥有绝对的领导权和话语权，管理者则执行培养单位的管理，贯彻落实培养单位的政策与部署，将国际化的人才培养理念融入培养单位的管理运行中。

汉语国际教育硕士研究生导师的地位同样举足轻重，他们是汉语国际教育硕士培养的直接践行者，导师的人才培养的理念直接影响汉语国际教育硕士的素质和能力。所以，汉语国际教育硕士培养单位的导师应该具有国际化视野，将国际化的教育理念融入教育活动中。此外，担任汉语国际教育硕士研究生的导师群体需运用国际性的眼光来分析和认识汉语国际教育硕士培养过程中存在的问题，以国际化的视角吸收和借鉴世界部分国家成功的第二语言教育理论和实践，将汉语国际教育硕士的培养与海外各国对汉语教师的需求密切结合。

三、开辟"一语定向培养"新模式

"一语定向培养"是指汉语国际教育硕士培养目标相对明确，专为母语或通用语为同一种语言的两个或两个以上国家的汉语学习者培养汉语国际教师，如专为母语或通用语是英语的汉语学习者培养汉语教师，专为母语或通用语是俄语的汉语学习者培养汉语教师。

"一语定向培养模式"可以成为汉语国际教育硕士"定向培养模式"下位分类中的一个新类别。"一语定向培养模式"可以分为两类：一是"一语、地域重叠式定向培养模式"，二是"一语、地域分离式定向培养模式"。

"一语、地域重叠式定向培养模式"是针对某几个国家定向培养汉语国际教师，这几个国家一般拥有一门共同语，而且国土相连、文化交融。
"一语、地域分离式定向培养模式"是指为两个或两个以上国家或地区培
养汉语教师，这几个国家由于历史原因一般拥有一门共同语或使用同一
种母语，但地理位置并不相连，甚至相距较远。"一语定向培养模式"作
为"定向培养模式"的新形式，未来办学成熟的培养单位可以尝试使用。

北京语言大学前校长崔希亮于 2015 年 10 月 29 日在中央民族大学国
际教育学院作了题为"汉语国际教育与'一带一路'"的讲座，他在讲座
中针对汉语国际教育硕士培养模式创新问题提出了建议：我们未来可以
尝试对母语为葡萄牙语的国家有针对性地培养汉语国际教师，因为不仅
葡萄牙需要教学能力强、跨文化交际能力强的优秀汉语教师，巴西同样
需要。巴西作为南美洲最大的国家，其官方语言为葡萄牙语。巴西也是
未来汉语国际教育推广的重点。因此，有针对性地培养精通葡萄牙语和
了解与葡萄牙语文化有关的汉语教师，未来就业机会较多。

以上观点正是"一语、地域分离式定向培养"的具体体现。目前，
我国的汉语国际教育硕士培养单位暂未采用该模式。

"语别定向培养"在一定程度上可以解决汉语国际教育硕士对象国语
言能力欠缺问题，同时可以提升培养效益，增加学生海外就业机会。"语
别定向培养"模式有一点需要深入论证，即"语别、地域分离式定向培
养"选取的定向培养国家之间拥有一门共同语，但由于地理位置相距较
远，独立发展时间较长，故当代风俗、文化差异较大。关于这一点，首
先需要厘清汉语作为第二语言教学过程中语言与文化的关系问题。目前，
关于该问题学界存在争议。观点一认为，汉语作为第二语言教学，主要
传授汉语和汉语有关的中华文化。观点二认为，中华文化传播是汉语教
学的首要目标和终极目标，语言为文化服务。笔者认为，在国际汉语教
学初级、中级阶段，主要任务是汉语教学和与汉语有关的文化介绍，到
高级阶段才涉及中国近现代、古代文化和文学介绍。汉语国际教育硕士
赴海外实习、工作教学对象多为初级、中级水平的学生，接触高级阶段

学生的机会较少。与此相应地，汉语国际教育硕士研究生毕业后在教授汉语和中华文化过程中，需要在一定程度上了解学生母语和母语文化，便于在课堂中进行对比教学。汉语国际教育硕士在读研期间相对娴熟地掌握赴任国语言文化是工作的需要。"语别、地域分离式定向培养模式"由于赴任国语言相同，与共同语相关的文化相同或相通，汉语国际教育硕士读研期间学习和掌握某一门外语，赴海外任何一个将该门外语作为母语或通用语的国家均会提高教学效率、提升教学效果。"语别、地域分离式定向培养模式"有其实现的必要性和可能性，是未来汉语国际教育硕士培养模式的优化方向之一。

第四章　汉语国际教育硕士专业学位课程设置——以河南高校为例

第一节　汉语国际教育硕士专业学位培养目标和课程设置

一、汉语国际教育硕士专业学位培养目标

在 2007 年发布的《汉语国际教育硕士专业学位研究生指导性培养方案》（以下简称《07 方案》）中，汉语国际教育硕士专业学位的培养目标为"培养具有熟练的汉语作为第二语言教学技能和良好的跨文化交际能力，适应汉语国际推广工作，胜任多种教学任务的高层次、应用型、复合型专门人才"。在《09 方案》中，汉语国际教育硕士专业学位的培养目标修改为"汉语国际教育硕士专业学位是与国际汉语教师职业相衔接的专业学位，主要培养具有熟练的汉语作为第二语言教学技能和良好的文化传播技能、跨文化交际能力，适应汉语国际推广工作，胜任多种教学任务的高层次、应用型、复合型、国际化专门人才"。从《07 方案》到《09 方案》可以看出，培养目标发生了一些变化。

首先,《09方案》将汉语国际教育硕士专业学位定义为"与国际汉语教师职业相衔接的专业学位",将该学位与国际汉语教师这一特定职业相挂钩,进一步明确了该学位的培养目标和发展方向。汉语国际教育硕士专业学位的设立就是为了培养大批以熟练掌握汉语作为第二语言教学能力,且具备良好跨文化交际能力和文化传播能力的优秀的汉语国际推广人才,以适应新时代汉语国际推广的需求,并缓解国内外国际汉语教师的短缺情况。但是,国际汉语教师师资队伍的建设工作不仅在于培养,还需要解决毕业生的就业问题。如果不能在就业方面采取有效措施,那么大量的汉语国际教育硕士毕业生会被迫从事其他行业,国内外国际汉语教师匮乏的局面仍得不到有效缓解。

其次,《09方案》中新增汉语国际教育硕士专业学位人才应具备"良好的文化传播技能",这意味着汉语国际教育硕士专业学位培养的人才不仅是教授汉语(汉语本体知识和运用汉语进行沟通的能力),更重要的是推广汉语和传播中国文化。然而,由于国内外社会环境的不同,人们的语言习惯、生活习惯不同,价值观也有很大的差异。特别是一些约定俗成的行为不会轻易地被发现,如肢体语言、宗教习俗和一些禁忌等。这就需要培养对象掌握跨文化交际的能力和技巧,既要入乡随俗,也要坚持自己的立场。如果方法错误就会适得其反,不仅不利于教学工作的展开,还会对教师的心理健康构成威胁,如文化休克、思维定式、大民族主义等,甚至会造成更严重的后果。因此,注重文化传播技能的培养十分重要。

最后,《09方案》中新增汉语国际教育硕士专业学位培养的人才应该是"国际化"人才,在汉语国际教育硕士专业学位成立之前,我国已经在从事国际汉语教学工作和培养对外汉语教师队伍,但是教学的对象主要是来华留学生。随着汉语在世界范围内推广速度的加快,来华留学生数量大幅增加,而且海外的汉语学习者数量更多,对国际汉语教师的需求量也更大,因此需要培养更多的国际汉语教师走出国门,走向世界,到国外任教。而国外的环境不同于国内，就像上面谈到的会遇到各种各样的问题，故而汉语国际教育硕士专业学位培养的人才应该是能够快速适应海外不同工作环境、具备国际化特点的高层次人才。

二、汉语国际教育硕士专业学位课程设置

（一）《07方案》课程设置

目前，国内设置该专业的高校多是在《07方案》和《09方案》的基础上，有选择性地进行优化和拓展，从而形成具体的课程设置。《07方案》将课程分为三类，即公共课程、必修课程和选修课程，实行学分制。学生在学校期间必须获得不少于32个学分，其中公共课程8个学分，必修课程10个学分，选修课程10个学分（可选课程分为五类，至少从三类选修课中选修，必须修10个学分）。除课程学习外，教学实习4个学分，论文不计算学分。具体课程类型与学分分布如表4-1、表4-2、表4-3所示。

1. 公共课程

表4-1　公共课程名称及学分

课程类型	课程名称	学分
公共课程	政治	2
	外语	6

2. 必修课程

表4-2　必修课程名称及学分

课程类型	课程名称	学分
必修课程	汉语语言学导论	2
	汉语作为第二语言教学法	2
	第二语言习得导论	2
	中华文化与跨文化交际	2
	课堂教学研究	2

3.选修课程

表 4-3　选修课程名称及学分

课程类型		课程名称	学分
选修课程	语言类	汉语语音概说	2
		汉语语法概说	2
		汉语词汇概说	2
		汉字概说	2
		汉外语言对比	2
	教学类	汉语测试与教学评估	2
		汉语教材分析与编写	2
		汉语教学案例分析	2
		现代教育技术及教学应用	2
	文化类	中国思想史	2
		当代中国概论	2
		国际政治与经济专题	2
		国别与地域文化	2
		礼仪与公共关系	2
		中华文化技能	2
	教育类	外语教育心理学	2
		国外中小学教育专题	2
		儿童心理发展与成长	2
		教师发展概论	2
		教学设计组织与管理	2
	方法类	教学调查与分析	2
		课程观察研究	2
		案例分析研究	2

（二）《09 方案》课程设置

《09 方案》以实际应用为指导，针对国际汉语教师的专业需求而撰写，是一个"围绕汉语教学能力、中华文化传播能力和跨文化交际能力的培养形成以核心课程为主导、拓展模块为补充、实践训练为重点的课程体系"的方案。

该方案要求学生在校期间要修满 38 个学分，其中，核心课程部分

（包括学位公共课）为 18 个学分，拓展课程部分（分模块选修）为 8 个学分，训练课程部分为 4 个学分。除正常的课程学习外，还有 6 个学分的教学实习和 2 个学分的学位论文。此外，为了弥补应届本科生在知识结构和实践经验的欠缺，特别开设了学位预备课程（无学分），包括综合基础课程和课堂教学观摩与体验。具体内容如表 4-4 和表 4-5 所示。

1. 核心课程

表 4-4　核心课程名称及学分

课程类型		课程名称	学分
核心课程	学位公共课程	政治	2
		外语	4
	学位核心课程	汉语作为第二语言教学	4
		第二语言习得	2
		国外汉语课堂教学案例	2
		中华文化与传播	2
		跨文化交际	2

2. 拓展课程

表 4-5　拓展课程名称及学分

课程类型		课程名称	学分
拓展课程	汉语作为外语教学类	汉语语言要素教学	4
		偏误分析	4
		汉外语言对比	4
		课程设计	4
		现代语言教育技术	4
		汉语教材与教学资源	4
	中华文化传播与跨文化交际类	中国思想史	2
		国别与地域文化	2
		中外文化交流专题	2
		礼仪与国际关系	2
	教育与教学管理类	外语教育心理学	2
		国外中小学教育专题	2
		教学设计与管理	2
		汉语国际推广专题	2

3. 训练课程

表 4-6　训练课程名称及学分

课程类型	课程名称	学分
训练课程	教学调查与分析	1
	教学观察与实践	1
	教学测试与评估	1
	中华文化才艺与展示	1

（三）《07方案》与《09方案》课程设置对比

1. 从课程类型来看

《07方案》采用了传统的课程类型分类，即公共课程、必修课程和选修课程。《09方案》则将其更改为核心课程、拓展课程和训练课程。《09方案》课程划分方式和《07方案》相比有所创新，主要原因在于专业型硕士的培养不同于学术型硕士，因此在课程设置上不需要和学术型硕士相同。这种新的划分方式更加突出了专业型硕士培养的实践性和灵活性。

2. 从具体课程来看

第一，《09方案》将《07方案》中的公共课程与必修课程合二为一，纳入核心课程的模块，课程总数仍然是7门。除政治和外语课程没有变化外，其余课程变化较大。一是取消了"汉语语言学导论"；二是将"汉语作为第二语言教学法"更改为"汉语作为第二语言教学"，学分由2学分改为4学分；三是将"中华文化与跨文化交际"课程分为"中华文化与传播"和"跨文化交际"，均为2学分；四是将"课堂教学研究"改为"国外汉语课堂教学案例"，为2学分。

第二，《09方案》将《07方案》中的选修课优化为拓展课程和训练课程两个模块，课程的总量从之前的23门减少至18门，总体来看变化还是比较大的。一是《07方案》将选修课分为语言类、教学类、文化类、教育类和方法类；《09方案》将原来的选修课改为拓展课程和训练课程两个模块，其中拓展课程包括汉语作为外语教学类、中华文化传播与跨文化交际类和教育与教学管理类。二是将《07方案》选修课中的语言类课程和教学类课程融为一体，其中"汉语语音概说""汉语语法概说""汉语词汇概说"和"汉字概说"改为拓展课程中"汉语作为外语教学类"课程中的"汉语语言要素教学"，新增加了"课程设计"和"偏误分析"两门课程。三是将原来《07方案》方法类中的"教学调查与分析""课堂观察研究"和"案例分析研究"，教学类中的"汉语测试与教学评估"，文化类中的"中华文化技能"，纳入《09方案》中的训练课程，形成了由"教学调查与分析""教学观察与实践""教学测试与评估"和"中华文化才艺与展示"组成的训练课程。

第三，《09方案》增设学位预备课程，但是并没有对课程的具体设置作出规定。

3.从学分设置来看

《09方案》和《07方案》相比，学分数量提高。

第一，《07方案》要求学生在校期间除实习和论文写作外，课程学分不少于28个学分，其中公共课程8学分，必修课程10学分，选修课程10学分（选修课程分为五类，至少从中选三类，修满10学分）；《09方案》要求学生在校期间除实习和论文写作外，课程学分不低于30学分，其中核心课程（含学位公共课）18学分、拓展课程8学分（分模块选修）、训练课程4学分。

第二，在《07方案》中，除外语为6学分之外，每门课程均为2学分。在《09方案》中，学位公共课程中的外语为4学分，学位核心课程中的汉语作为第二语言教学为4学分；在拓展课程中，汉语作为外语教学类课程均为4学分。另外，训练课程不再作为选修模块。这些变化也能体现出《09方案》更加注重课程的应用性和对培养对象的教学实践能力的培养。

总体而言，《09方案》的课程设置与《07方案》相比有以下优势和不足。优势在于：一是课程设置更加注重实践和应用；二是为弥补学生本科期间知识结构和实践经验的欠缺，试行预备课程。不足之处在于：与《07方案》相比，汉语本体知识类课程被取消。

另外，通过对《07方案》和《09方案》中培养目标和课程设置部分的对比分析可以得知，国务院学位委员会办公室一直在优化汉语国际教育硕士专业学位研究生的培养方案，更多地关注课程的灵活性和应用性，以及人才培养的实用性。

综上所述，研究生培养是多环节、多因素交互作用的复杂系统，包括培养理念、培养目标、培养单位、培养环节和培养评价五个方面。培养目标是研究生培训的出发点和目标，也是研究生在培训理念指导下应达到的理想规格和总体要求。课程设置是培养环节中的一部分，是根据一定的培养目标制定的。由此可见，培养目标是课程设置的方向，课程设置是培养目标的具体体现。正确的课程设置不能脱离合理的培养目标，反之亦然。

第二节　汉语国际教育硕士专业学位课程设置的对比分析

自2007年汉语国际教育硕士专业学位设立以来，在全国范围内有了长足的发展。截至目前，全国共有160所高校设置了汉语国际教育硕士专业学位。河南高校于2009年开始设置该专业学位，现共有郑州大学、河南大学、河南理工大学、河南师范大学、华北水利水电大学、安阳师范学院、信阳师范学院共7所高校设置了汉语国际教育硕士专业学位。本节将以课程设置为主要内容，对这7所高校的汉语国际教育硕士专业学位进行分析对比。

一、河南高校汉语国际教育硕士专业学位设置背景

河南各高校汉语国际教育硕士专业学位设置的时间和其自身实力有所差别，本节主要从学校概况、专业设置时间、隶属单位和学习年限等方面进行阐述，以便更好地了解这几所院校的情况（以下顺序按照学校招生代码排列）。

（一）华北水利水电大学

华北水利水电大学成立于 1951 年，位于河南省郑州市。这是由水利部和河南省共同建立的大学，主要由河南省人民政府管理，是河南省重点扶持的骨干大学。学校拥有英语、俄语、法语、日语、西班牙语、朝鲜语等师资和语言实验中心等资源，是国家汉办国际汉语教师笔试考点、国家职业汉语能力测试中心河南考点、河南省"一带一路"人文交流中心所在地，在华北水利水电大学国际教育学院、河南博物院、中国文字博物馆等校内外多家单位建有实习基地，为汉语国际教育硕士专业学位硕士研究生实习实践和对外交流提供机会。华北水利水电大学汉语国际教育硕士专业学位授权点于 2018 年获批设立。目前，该专业归属于华北水利水电大学外国语学院，学制为 2 年。

（二）郑州大学

郑州大学是一所省部合作共建高校，也是河南唯一一所"211 工程"高校，该校还入选了国家"双一流"高校建设行列。郑州大学来华留学生教育起步于 1984 年，是国内较早接受外国留学生、开展对外汉语教学的高校之一。

郑州大学汉语国际教育硕士专业学位授权点于 2009 年获批设立，是我国第二批授权培养单位。目前，该专业属于郑州大学文学院，学制为 3 年。

（三）河南理工大学

河南理工大学位于河南省焦作市，是河南省人民政府与应急管理部共同建设的高校，是河南省属重点大学，也是中国第一所矿业高等学府。

河南理工大学汉语国际教育硕士专业学位以多学科为支撑，注重培养学生的综合能力，具有多学科交叉的内涵和优势，目前拥有怀川文化研究中心、跨文化交流与合作中心等多个学科平台，学科基础雄厚，发展态势良好。

河南理工大学汉语国际教育硕士专业学位授权点于2014年获批设立。目前，该专业归属于河南理工大学文法学院，学制为2.5年。

（四）河南大学

河南大学是一所部省合作共建高校，入选我国世界一流学科高校建设行列。河南大学从1985年开始接收外国留学生，并进行汉语国际教育，是全国较早开始这项工作的高校之一。除此之外，河南大学还设有国务院侨办华文教育基地。

河南大学汉语国际教育硕士专业学位授权点于2009年获批设立，是我国第二批授权培养单位。河南大学还专门设置了汉语国际教育硕士教育中心，负责日常教学和管理工作。学位授权点以文学院为主导，多个学院密切合作，拥有强大的基础实力、突出的专业优势。目前，该专业属于河南大学文学院，学制为2年。

（五）河南师范大学

河南师范大学成立于1923年，位于河南省新乡市，它是省部共建的省级重点大学和综合性师范大学。另外，该校还是河南省汉语国际推广实训人才基地。

河南师范大学汉语国际教育硕士专业学位授权点于 2010 年获批设立。目前，该专业归属于河南师范大学文学院，学制为 3 年。

（六）信阳师范学院

信阳师范学院位于河南省信阳市，是河南省重点本科师范院校之一。信阳师范学院汉语国际教育硕士专业学位授权点于 2018 年获批设立。目前，该专业归属于信阳师范学院文学院，学制为 2 年。

（七）安阳师范学院

安阳师范学院位于河南省安阳市，是河南省省属普通本科高校，为硕士专业学位研究生培养试点单位，CDIO 工程教育联盟成员单位。在 2011 年"服务国家特殊需求人才培养项目"试点工作中，安阳师范学院获批为汉语国际教育硕士专业学位研究生培养试点单位。本学位点依托甲骨文发现地安阳丰富的汉字文化资源，侧重于汉字文化研究与汉语海外传播研究。目前，该专业归属于安阳师范学院文学院，学制为 2 年。

二、河南高校汉语国际教育硕士专业学位培养目标

本部分主要对国家所制定的《07 方案》《09 方案》及河南各高校汉语国际教育专业硕士研究生培养方案中的培养目标进行整理、分析和对比。为了更加清晰明了地进行展示，特制作表 4-7。

表 4-7　汉语国际教育硕士专业学位培养目标

名称	培养目标
《07 方案》	培养具有熟练的汉语作为第二语言教学技能和良好的跨文化交际能力，适应汉语国际推广工作，胜任多种教学任务的高层次、应用型、复合型专门人才
《09 方案》	汉语国际教育硕士专业学位是与国际汉语教师职业相衔接的专业学位，主要培养具有熟练的汉语作为第二语言教学技能和良好的文化传播技能、跨文化交际能力，适应汉语国际推广工作，胜任多种教学任务的高层次、应用型、复合型、国际化专门人才

名称	培养目标
华北水利水电大学	汉语国际教育硕士专业学位是与国际汉语教师职业相衔接的专业学位，主要培养具有熟练的汉语作为第二语言教学技能和良好的文化传播技能、跨文化交际能力，适应汉语国际推广工作，胜任多种教学任务的高层次、应用型、复合型、国际化专门人才
郑州大学	汉语国际教育硕士专业学位是与国际汉语教师职业相衔接的专业学位，主要培养具有熟练的汉语作为第二语言教学技能和良好的文化传播技能、跨文化交际能力，适应汉语国际推广工作，胜任多种教学任务的高层次、应用型、复合型、国际化专门人才
河南理工大学	汉语国际教育硕士专业学位是与国际汉语教师职业相衔接的专业学位，主要培养具有熟练的汉语作为第二语言教学技能、良好的文化传播技能和跨文化交际能力，适应孔子学院发展和汉语国际教育推广工作，胜任多种教学任务的高层次、应用型、复合型、国际化专门人才
河南大学	培养具有现代化教育观念，具有熟练的汉语作为第二语言教学技能和良好的跨文化交际能力，适应汉语国际推广工作，胜任多种教学任务的高层次、应用型、复合型专门人才。本专业把外语能力、汉语知识、文化素养和教学技能有机结合起来，突出实用性，课堂教学与社会实践并重，中英文教学并重，适当加入中华才艺等技能性课程。毕业生能在各级各类学校和教学机构从事汉语教学，也能在政府部门、公司或企业等机构从事与汉语或中国文化相关的其他工作
河南师范大学	本专业旨在培养具有熟练的以汉语为第二语言教学技能和良好的跨文化交际能力，适应汉语国际推广工作，胜任多种教学任务的高层次、应用型、复合型专门人才
信阳师范学院	汉语国际教育硕士专业学位是与国际汉语教师职业相衔接的专业学位，主要培养具有熟练的汉语作为第二语言教学技能、良好的文化传播技能和跨文化交际能力，适应孔子学院发展和汉语国际教育推广工作，具有国际视野，能胜任多种教学任务的高层次、应用型、复合型、国际化专门人才
安阳师范学院	培养具有熟练的汉语作为第二语言教学技能和良好的文化传播技能，适应汉语国际教育工作，胜任多种教学任务的高层次、应用型、复合型专门人才

　　通过对河南7所高校汉语国际教育硕士专业学位研究生培养方案的收集整理可以发现，华北水利水电大学、河南理工大学、郑州大学、信阳师范学院4所院校的培养目标与《09方案》中的培养目标相同，河南

师范大学和安阳师范学院汉语国际教育硕士专业学位研究生的培养目标与《07方案》相同，其他院校则是在《07方案》和《09方案》培养目标的基础上，根据院校实际情况编写培养目标。

三、河南高校汉语国际教育硕士专业学位课程设置分析对比

本部分主要是对河南各高校制定的汉语国际教育硕士专业学位具体课程设置进行整理、分析（随机选取课程年份），一方面从课程类型、学分设置、课时安排和开课学期等维度展开梳理，另一方面依据《09方案》中学位核心课程、学位公共课程、拓展课程、训练课程、预备课程等多个方面进行对比研究。

（一）具体课程一览

1. 华北水利水电大学

华北水利水电大学的培养年限为2年。华北水利水电大学2018年被批准为汉语国际教育硕士专业学位授予点，2019年开始招生。2019年制定的汉语国际教育硕士专业学位课程包括学位课程、非学位课程和补修课程三部分。其中，学位课程包括公共必修课程和专业核心课程；非学位课程包括拓展课程和训练课程，共计26门课程。学生在校期间除专业实践和论文写作（10学分）外，需修满33个学分。其中，公共必修课共3门、8学分，专业核心课共6门、12学分，拓展课程9学分，训练课程共4门、4学分。

在学分设置方面，除"专业英语"和"汉语作为第二语言教学"为4学分课程外，其余为1学分课程和2学分课程。

在课时安排方面，除"专业英语"为80课时、"汉语作为第二语言教学"为72课时、"第二外语"为40课时外，其余课程为18课时和36课时。

在开课学期安排方面，所有课程均安排在第一学年的两个学期。

2. 郑州大学

郑州大学的培养年限为 3 年。2017 年制定的汉语国际教育硕士专业学位课程包括基础知识模块（公共必修课）、综合素养模块（公共选修课）、专业知识模块（公共基础课程）、行业前沿讲座模块（专业选修）、补修模块（专业选修课）五部分，共计 26 门课程。学生在校期间除实习和论文写作（22 学分）外，需修满 26 个学分。其中，基础知识模块（公共必修课）共 1 门课、2 学分，综合素养模块（公共选修课）共 4 门课、5 学分，专业知识模块（公共基础课程）共 9 门课、17 学分，行业前沿讲座模块（专业选修）共 1 门课、2 学分。

在课时安排方面，多数课程为 32 课时，主要集中在基础知识模块和专业知识模块，少数课程为 16 课时。

在学分设置方面，以 2 学分课程为主，主要集中在专业知识模块，其余为 1 学分课程。

在开课学期安排方面，除"文字学专题""词汇学专题""语法学专题""汉语国际教育教学研究专题""唐诗赏析与写作""外国文学研究专题""中国现当代文学研究专题" 7 门课程在第二学年第一学期开设外，其余课程均安排在第一学年第一、二学期，其中又以第一学期居多。

3. 河南理工大学

河南理工大学的培养年限为 2.5 年。2019 年指定的汉语国际教育硕士专业学位课程包括必修课、选修课、专题讲座、补修课和必修环节五部分，共计 26 门课程。学生在校期间除论文写作、教学实习、学术伦理与价值观、开题报告（8 学分）外，需修满 33 个学分。其中，必修课程包括公共课程和必修课程；选修课程包括中华文化传播与跨文化交际类课程、小语种课程、教育与教学管理类课程和汉语作为外语教学类课程。

在学分设置方面，除"外语"和"汉语作为第二语言教学"为 4 学分课程，其余为 1 学分课程和 2 学分课程。

在课时安排方面，除"外语"为72课时、"汉语作为第二语言教学"为64课时、"中国特色社会主义理论与实践研究"为38课时外，其余课程为36课时和18课时。

在开课学期安排方面，除了必修环节中的"课堂观察与实践""教学调查与分析""教学测试与评估"开设于第二学年第一学期，其余课程均开设于第一学年第一、二学期。

4. 河南大学

河南大学的培养年限为2年。2019年制定的汉语国际教育硕士专业学位课程包括必修课程、选修课程、补修课程三部分。其中，必修课程包括公共必修课程（学位英语/学位政治/德育综合）和专业必修课程；选修课程包括公共选修、专业选修、非专业选修（无课程），再加上补修课程，共计26门课程。学生在校期间除实习和论文写作（8学分）外，需修满32个学分。其中，公共必修课共4门、9学分，专业必修课共9门、20学分，公共选修课共2门、2学分，专业选修课共8门、16学分，补修课不计学分。

在学分设置方面，除"外语"和"专业和职业实习"为4学分课程、补修课程无学分外，其余课程为1学分课程和2学分课程，其中又以2学分课程为主。

在课时安排方面，除"外语"为72学时，"马克思主义与社会科学方法论""体育""文献信息检索与应用"3门课程为18课时，其余课程均为36个课时。

在开课学期安排方面，所有课程均安排在第一学年的两个学期。

5. 河南师范大学

河南师范大学的培养年限为3年。2016年制定的汉语国际教育硕士专业学位课程包括核心课程、拓展课程和实践课程三部分。其中，核心课程包括公共课程和专业必修课程；拓展课程包括教学类课程、文化类课程和教育类课程，共计21门课程。学生在校期间除教学实习（6学分）

外，需修满 30 个学分，才能进行论文写作，论文写作不算学分。

在学分设置方面，除"外语"和"汉语作为第二语言教学"为 4 学分课程、实践课程为 1 学分课程、"课程设计与管理"（拓展课程）为 1 学分课程外，其余课程均为 2 学分。

在课时安排方面，除"外语"和"汉语作为第二语言教学"为 72 课时外，其余课程大多数为 36 课时，小部分课程为 18 课时。

在开课学期安排方面，除实践课程中的 3 门课程安排在第二学年第一学期外，其余课程均安排在第一学年的第一、二学期。

在考核方式方面，核心课程为考试课程，拓展课程和实践课程为考查课程。

6.信阳师范学院

信阳师范学院的培养年限为 2 年。2015 年制定的汉语国际教育硕士专业学位课程包括核心课程、拓展课程和训练课程，共计 28 门课程。学生在校期间除教学实习和论文写作（8 学分）外，需修满 30 个学分。其中，核心课程包括公共课程和专业必修课程；拓展课程包括语言类课程、补修类课程、教学类课程、文化类课程。

在学分设置方面，除"汉语作为第二语言教学"和"第二语言习得"为 3 学分课程、训练类课程为 1 学分课程、"马克思主义与社会科学方法论"为 1 学分课程外，其余课程均为 2 学分课程。

在课时安排方面，除"汉语作为第二语言教学"和"第二语言习得"为 54 课时、"马克思主义与社会科学方法论"和训练类课程为 18 课时外，其余课程均为 36 课时。

在开课学期安排方面，除部分核心课程安排在第一学年第一学期外，其余课程均安排在第一学年第二学期。

在授课方式方面，除少部分课程采用讲授的方式外，大部分课程均采用讲授 + 研讨的教学方式。

在考核方式方面，核心课程是闭卷考试的考核方式，拓展课程采用的是考查的考核方式，训练课程没有具体的考核方式。

7. 安阳师范学院

安阳师范学院的培养年限为 2 年。2015 年制定的汉语国际教育硕士专业学位课程包括公共学位课程、核心课程、拓展课程、训练课程、学位预备课程，共计 28 门课程。学生在校期间除教学实习和论文写作（8 学分）外，需修满 30 个学分。其中，拓展课程包括语言类课程、教学类课程、教育类课程、文化类课程。

在学分设置方面，除"外语"和"汉语作为第二语言教学"为 4 学分课程、部分训练课程为 1 学分课程外，其余均为 2 学分课程。

在课时安排方面，除"外语"和"汉语作为第二语言教学"分别为 72 课时和 54 课时外，其他课程大部分为 36 课时和 24 课时，小部分课程为 18 课时、12 课时和 8 课时。除此之外，另有 14 门课程设置了实践课时，最少不低于 10 课时，最高可达 24 课时。

（二）不同课程类型对比分析

《09 方案》将汉语国际教育硕士专业学位课程分为学位公共课程、学位核心课程、拓展课程、训练课程和补修课程（预备课程）五个类型。本部分以《09 方案》课程类型划分为标准，从以上五个方面对河南高校课程设置进行对比分析。

1. 学位公共课程

通过对 7 所院校学位公共课的对比分析，可以发现以下特点。①从课程的数量和内容来看，各高校公共课数量参差不齐，但内容大体一致，除郑州大学外，均由外语和政治课程构成。部分院校在外语课程的设置上有其自身特点，如郑州大学将外语课程纳入学位核心课程；信阳师范学院的外语课程有"基础"和"学术"之分；华北水利水电大学将第二外语纳入学位公共课程。②从学分设置来看，除郑州大学为 2 学分外，其余院校均在 6～8 学分。③从课时安排来看，除郑州大学外，外语课程的课时量均大于政治课程的课时量，外语课程的课时量多为 72 课时，政治课程的课时量在 32 ～ 56 课时。④从开课学期来看，除郑州大学、河南大学、河南师范大学将其开设在第一学年第一学期外，其余高校存在两种情况：一是该校如果有两门政治课或两门外语课，其中一门安排在第一学年第二学期；二是外语课程的课时量较多，安排在整个第一学年。

综上所述，可以得出以下结论：大部分院校对学生的政治素养和外语能力的培养都十分重视；从总体上看，外语在学分设置、课时安排和学期安排上均多于政治。

2. 学位核心课程

通过对 7 所院校学位核心课程的对比分析，可以发现以下情况。

（1）课程内容。华北水利水电大学、河南师范大学、河南理工大学、信阳师范学院 4 所院校的学位核心课程和《09 方案》完全相同。安阳师范学院的学位核心课程和《09 方案》基本一致，安阳师范学院将《09 方案》中的"外汉语课堂教学案例"改为"汉语课堂教学研究"。郑州大学和河南大学则是在《09 方案》的基础上，根据学校实际情况有选择性地进行学位核心课程的设置。郑州大学除《09 方案》中的 5 门学位核心课程外，增设"英语（专业学位）""偏误分析""汉语语言要素教学"和"教学测试与评估"4 门课程。河南大学增设"汉语语言学导论"和"对外汉语教学语法"课程。

（2）学分设置。从学分总量来看，除郑州大学为 17 学分外，其余 6 所院校均为 12 学分。从学分具体划分来看，郑州大学和河南大学的学分划分比较均匀，郑州大学除"教学测试与评估"为 1 学分，其余学位核心课程均为 2 学分，而河南大学的 7 门课程均为 2 学分；华北水利水电大学、河南师范大学、河南理工大学、安阳师范学院 4 所院校和《09 方案》中的学分划分相同，除"汉语作为第二语言教学"为 4 学分外，其余课程均为 2 学分；信阳师范学院则是将"汉语作为第二语言教学""第二语言习得"课程划分为 3 学分，其余课程为 2 学分。

（3）课时安排。通过观察可以发现，郑州大学和河南大学在每门课程的课时安排上比较均衡，没有明显的偏向，其余 5 所院校在课时安排上有明显的侧重。其中，华北水利水电大学、河南师范大学和河南理工大学在课时安排上侧重于"汉语作为第二语言教学"，其课时数量为 72 课时或 64 课时，其余课程为 36 课时；信阳师范学院在课时安排上侧重于"汉语作为第二语言教学"和"第二语言习得"，课时数量分别为 54 课时，其余课程为 36 课时；安阳师范学院在课时安排上更加有自身的特点，该校把 5 门学位核心课程分为 3 个阶梯：第一阶梯"汉语作为第二语言教学"为 54 课时，第二阶梯"第二语言习得导论"和"中华文化与传播"为 36 课时，第三阶梯"汉语课堂教学研究"和"跨文化交际"为 18 课时。

（4）开课学期。虽然 7 所院校在培养年限上有所不同，但是各院校均把学位核心课程的开课时间安排在了第一学期和第二学期，具体内容如表 4-8 所示。

表 4-8　核心课程开课时间

学校	第一学期	第二学期
华北水利水电大学	汉语作为第二语言教学、中华文化与传播、跨文化交际	第二语言习得、国外汉语课堂教学案例
郑州大学	英语（专业学位）、中华文化与传播、国外汉语课堂教学案例、汉语作为第二语言教学、汉语语言要素教学、教学测试与评估、跨文化交际	偏误分析、第二语言习得
河南理工大学	第二语言习得、中华文化与传播	汉语作为第二语言教学、国外汉语课堂教学案例、跨文化交际
河南大学	汉语作为第二语言教学法、教学原理	第二语言习得；中华文化与传播；跨文化交际；汉语课堂教学理论与实践
河南师范大学	汉语作为第二语言教学、第二语言习得理论、对外汉语课堂教学案例	中华文化与传播、跨文化交际

续表

学校	第一学期	第二学期
信阳师范学院	汉语作为第二语言教学、第二语言习得、国外汉语课堂教学案例、跨文化交际	中华文化与传播、跨文化交际
安阳师范学院	汉语作为第二语言教学、第二语言习得导论、中华文化与传播、汉语课堂教学研究、跨文化交际	汉语语法教学、汉语国际推广专题、教育理论与实践专题、汉字与文化等语言、教学、教育、文化等拓展课程

学位核心课程作为汉语国际教育专业课程设置的重要组成部分，对于研究生能力的培养十分重要。但是由于各所院校的培养理念与实际情况不同，因而在课程的开设安排上也有所不同。通过对表格的分析可以得知，很多院校把大部分甚至全部学位核心课程安排在了第一学期。从具体的课程分布来看，可以发现，多数院校将"汉语作为第二语言教学""第二语言习得""国外汉语课堂教学案例"这类有助于培养学生汉语作为第二语言教学技能和理论知识的课程安排在了第一学期，而将"跨文化交际"和"中华文化与传播"安排在了第二学期。综上所述，河南部分高校在学位核心课程的设置中能够做到因校制宜，依据学校的师资力量和实际情况，对核心课程的内容和数量作出调整；在课时的安排上部分高校能够做到因课制宜，没有出现全部一样的情况；在开课学期的安排上，将有助于培养学生汉语作为第二语言教学技能和理论知识的课程安排在了学生学习积极性较高的第一学期。

3.拓展课程

在拓展课程的设置上，可以把 7 所院校分为两类：其中河南大学与郑州大学为一类，其余 5 所院校为一类。这样划分的原因在于，根据各所院校汉语国际教育硕士专业学位研究生培养方案中的学分设置和课程安排可以发现，郑州大学和河南大学课程安排是既定的，可供学生选择的余地较小；而其余 5 所院校的拓展课程比较丰富，学生有较大的选择空间。

由于 7 所院校的拓展课程在内容、学分设置上多以《07 方案》和《09 方案》为基础，而在课时安排和开课学期上大同小异，因此在这里不再具体陈述，接下来主要介绍一下各个院校拓展课程中的特色课程。

河南师范大学在拓展课程文化类课程中开设了"中原文化经典"与"亚洲文化礼仪"，在教育类课程中开设了"国际汉语教师语言艺术"。从开设的 3 门课程中可以得知，河南师范大学比较重视地域优势和教师的语言表达能力，因而开设"中原文化经典"和"国际汉语教师语言艺术"。

河南理工大学在拓展课程中单独开设日语和韩语小语种课程，还开设了"东南亚汉语国际推广专题"讲座。河南理工大学所开设的 3 门课程均体现了该校汉语国际教育专业硕士人才培养的国别化特点。但是，日语和韩语小语种课程与"东南亚汉语国际推广专题"讲座相矛盾，不利于人才的精准培养。

信阳师范学院在拓展课程语言类课程中开设了"第二外语""英语口语"和"语言学前沿和汉语研究"；在文化类课程中开设了"一带一路"沿线各国汉语国际教育概览。从信阳师范学院所开设的 4 门课程中可以看到，该校对学生英语能力和汉语本体知识比较重视，也可以看出该校在人才培养中有国别化的特点。但是如果面向"一带一路"国家，就更应该侧重于"一带一路"国家语言能力的培养，而不仅仅是英语。

4. 训练课程

从训练课程的角度进行分析，可以将 7 所院校分为三类：一是郑州大学，该校没有将训练课程单列出来，而是将其分散在学位核心课程和拓展课程当中；二是河南大学，该校并未单独设置训练课程，而是将其与教学实习相融合，在实习中进行；三是其余 5 所院校为一类，其中河南师范大学、华北水利水电大学、河南理工大学和信阳师范学院的训练课程与《09 方案》基本一致，而安阳师范学院是在《09 方案》的基础上进行修改，另外开设了"班主任工作"和"班级活动设计与组织"训练课程。

院校应加强对训练课程的重视，因为训练课程作为提高学生教学实践能力的重要模块，对专业硕士的培养十分重要，各高校应该作出调整，优化设置。

5.补修课程（预备课程）

7所院校中，郑州大学的补修课程（预备课程）最多，而河南师范大学没有补修课程（预备课程）。除河南师范大学外，其余6所院校所开设的补修课程（预备课程）也各有不同，其中较为常见的为"现代汉语""古代汉语"和"语言学概论"（语言学纲要）。由此可以发现，各高校在预备课程的设置上没有一个统一的规范。对此，各高校课程设置需要有严格明确的考核制度。

第三节　汉语国际教育硕士专业学位课程设置的调查及建议

一、汉语国际教育硕士专业学位课程设置调查

为了更加深入地了解汉语国际教育专业硕士研究生对于所在院校汉语国际教育硕士专业学位课程设置的意见和看法，并提出更为恰当的优化建议，笔者制作了一份调查问卷。调查结果分析如下。

（一）问卷回收情况

该调查问卷回收情况如下：本次调查问卷共86份，无效问卷为0份。其中，安阳师范学院问卷数量为34份，河南大学问卷数量为16份，郑州大学问卷数量为5份，河南师范大学问卷数量为7份，华北水利水电大学问卷数量为9份，河南理工大学问卷数量为6份，信阳师范学院问卷数量为9份。

（二）问卷结果具体分析

1.调查对象基本概况分析（第1～3题）

第1题：您所就读的院校是？

调查结果显示：安阳师范学院问卷数量所占比例最大，为39.53%；河南大学问卷数量占比为18.60%；郑州大学问卷数量占比为5.81%；河南师范大学问卷数量占比为8.14%；华北水利水电大学与信阳师范学院问卷数量占比均为10.47%；河南理工大学问卷数量占比为6.98%。

第2题：您所在的年级是？

调查结果显示：在问卷填写对象中，研究生二年级学生所占比例最多，为75.41%；其次是研究生三年级学生，占比为22.95%；延期毕业的学生最少，占比为1.64%。其中，存在延期毕业的学生，主要是因为部分学生参加了国家汉办选派志愿到国外从事汉语教学。

第3题：你的本科专业为？

调查结果显示：读研究生之前的本科专业，汉语国际教育专业占比为72.13%，汉语言文学类专业占比为6.56%，外语类专业占比为9.83%，理工科类专业占比为6.56%，其他类专业占比为4.92%。通过数据可知，虽然本硕专业一致的学生占的比重较大，但是跨专业考研的学生仍占了很大的比例，这些学生没有经过系统的汉语国际教育本科阶段的教育，在研究生阶段会出现基础知识不牢固等问题，这要求学生所在院校重视对学生情况的排查，以及合理设置预备课程。

2.调查对象课程设置满意程度、不满意原因及应该从哪里进行优化调整（第4～6题）

第4题：您对所在院校汉硕专业的课程设置是否满意？

调查结果显示：有22.95%的学生对所在院校课程设置非常满意，49.18%的学生感到比较满意，24.59%的学生感到一般满意，3.28%的学生感到不满意。总体来看，大多数学生对所在院校课程设置是满意的。

第 5 题：您对所在院校课程设置不满意的原因是什么？

调查结果显示：对所在院校课程设置不满意的原因中，认为需要增加实践性课程的占比为 60.71%，需要采用多样化教学方式的占比为 48.21%，认为专业技能课应进一步得到重视的占比为 39.29%，认为课程总体结构有点简单的占比为 26.79%，认为课程内容少部分存在一定的重复性的占比为 17.86%，认为课程设置知识要更加与实际相结合的占比为 17.86%，认为课程设置要更加关注本专业信念和责任的占比为 14.29%，认为需要提升任课教师素质的占比为 3.57%，其他原因的占比为 16.07%。从数据中可以看出，在研究生阶段，学生对上课体验有更高的要求，希望能够提升自身的教学实践能力，为以后的工作提供一定的经验。

第 6 题：您认为应该从哪几个方面对所在院校课程设置进行优化？

调查结果显示：60.71% 的学生认为需要在课程比重上进行优化，55.36% 的学生认为需要在授课方式上进行优化，51.79% 的学生认为需要在课时安排上进行优化，42.86% 的学生认为需要在考核方式上进行优化，8.93% 的学生认为需要在其他方面进行优化。通过数据可知，多数学生认为课程设置在课程比重、授课方式、课时安排和考核方式等方面均需要进行调整，尤其是课程比重和授课方式。

3. 针对学位公共课程中的外语课程和学生的外语水平（第 7～10 题）

第 7 题：您目前的英语水平为什么级别？

调查结果显示：52.54% 的学生达到了大学生英语六级的水平，42.38% 的学生达到了大学生英语四级的水平，5.08% 的学生为其他。通过数据可知，有一半的学生已经达到了英语六级的水平，达到英语四级水平的学生也有四成。因此，学生具有相对较好的英语基础。

第 8 题：您认为自己目前的外语（英语）水平，将来是否能胜任对外汉语教学的相关工作？

调查结果显示：61.02% 的学生认为自身目前的英语水平能够胜任对

外汉语教学的相关工作，38.98%的学生认为自身目前的英语水平不能够胜任对外汉语教学的相关工作。对此，高校应根据学生实际情况，解决学生这一问题，促使学生能熟练地使用英语来组织课堂。

第 9 题：您认为所在院校开设的公共英语课程是否能提高您的外语能力？

调查结果显示：72.13%的学生认为所在院校开设的公共英语课程能提高自身的外语水平，27.87%的学生认为所在院校开设的公共英语课程不能提高自身的外语水平。有一半以上的学生认为所在院校开设的公共英语课程对自身英语能力的提升效果比较大。

第 10 题：如果不能，您认为应该在相关课程设置上作出哪些调整？

调查结果显示：57.38%的学生认为应该进行小班教学，54.10%的学生认为应该以选修课的形式开设小语种课程，42.62%的学生认为应该将公共必修课改为专业必修英语课，31.15%的学生认为可以开设常用教学用语专题讲座，26.23%的学生认为可以适当增加课时量，6.56%的学生认为可以在其他方面进行调整。通过数据可知，大多数学生认为应该改变传统大班授课的方式，应该将本专业的外语课程划分为专业课程，进行小班教学，并适当地增加课时量。另外，学校还应该为学生提供一定的小语种课程，以满足学生的学习需要，这样也有利于学生以后工作的需要，在与同专业的竞争中有一定的语言优势。

4. 针对学位核心课程进行调查（第 11～12 题）

第 11 题：您认为自己所在高校设置的核心课程（专业必修课）对您在以下五个方面能达到什么程度的帮助？（按 1～5 分打分制，基本没帮助 1 分，有一点帮助 2 分，有帮助 3 分，很有帮助 4 分，非常有帮助为 5 分）

调查结果显示：平均分都在 3～4 分，学生认为所在院校核心课程中，首先是知识方面的帮助较大，其次是教学，再次是文化，又次是素质，最后是研究。可见，河南高校比较重视学生汉语本体知识的积累，但是还需要加强对学生的教学实践能力、文化素养、研究能力的关注。

第12题：请从课程实用性、课时安排、内容安排、学习效果四个方面对所在院校核心课程（专业必修）进行综合评价。（按1～5分打分制，非常差1分，差2分，一般3分，好4分，很好5分）

调查结果显示：平均分在3～4分，学生认为所在院校核心课程在内容安排上较好，其次是课程的实用性，最后是课时安排和学习效果。可见，学生对所在院校核心课程的实用性、课时和内容安排和学习效果的满意度相对不高，学校需要对其进行进一步的优化和调整。

5.针对拓展课程（选修课程）进行调查（第13～16题）

第13题：您对所在院校该专业开设的拓展课程（选修课程）是否满意？

调查结果显示：14.75%的学生非常满意，44.26%的学生感到比较满意，36.07%的学生感到一般满意，3.28%的学生感到不满意，1.64%的学生感到非常不满意。从数据中可以看出，大多数学生对所在院校拓展课程还是满意的。

第14题：您对所在院校拓展课程（选修课程）不满意的原因有哪些？

调查结果显示：59.02%的学生认为所在院校拓展课程（选修课程）需增强实用性，50.82%的学生认为所在院校拓展课程（选修课程）教学资源需丰富，36.07%的学生认为所在院校拓展课程（选修课程）教学方式需多样化，31.15%的学生认为所在院校拓展课程（选修课程）数量需增加，19.67%的学生认为所在院校拓展课程（选修课程）内容需要及时更新，9.84%的学生认为所在院校拓展课程（选修课程）名称与实际教学内容相符性需进一步提升，9.84%的学生认为所在院校拓展课程（选修课程）设置需具有个性化，8.20%的学生认为所在院校拓展课程（选修课程）教师的专业性需提升，11.48%的学生有其他原因。

第15题：您认为所在高校设置的拓展课程（选修课程）对您在以下

五个方面能起到什么程度的帮助？（按 1 ～ 5 分打分制，基本没有帮助 1 分，有一点帮助 2 分，有帮助 3 分，很有帮助 4 分，非常有帮助 5 分）

调查结果显示：平均分在 3 ～ 4 分，学生认为拓展课程（选修课程）在语言方面帮助较大，在素质和教学方面的帮助次之，在文化和研究方面的帮助最小。由此看来，拓展课程还需要进一步优化和改进。

第 16 题：如果需要增设选修课，您认为需要增加哪些方面的课程？

调查结果显示：54.10% 的学生认为应该增设汉语作为外语教学类课程，57.38% 的学生认为应该增设中华文化传播和跨文化交际类课程，50.82% 的学生认为应该增设教育与教学管理类课程，72.13% 的学生认为应该增设中华才艺类课程，3.28% 的学生认为应该增设其他内容的课程。

6. 针对调查对象所在院校汉语国际教育专业授课方式和考核方式进行调查（第 17 ～ 20 题）

第 17 题：您所在院校该专业教师授课的主要方式。

调查结果显示：理论知识讲授的授课方式占比为 86.89%，现实案例分析的授课方式占比为 70.49%，以学生实践操练为主的授课方式占比为 45.90%，其他类的授课方式占比为 6.56%。由此可见，部分院校仍是以理论知识讲授的授课方式为主，注重学生对理论知识的理解与掌握，学生实践操练的机会较少，不利于提高学生的教学实践能力。教师的授课方式决定了学生接受知识的途径，该专业课程的授课方式应该遵循理论与实践相结合，实践为主、理论为辅的原则，只有这样才能使学生既有扎实的理论功底，又有熟练的教学技能。

第 18 题：您所在院校该专业课程考核的主要形式有哪些？

调查结果显示：课程论文的考核方式占比为 91.80%，模拟教学的考核方式占比为 45.90%，试卷测试的考核方式占比为 19.67%，教学设计的考核方式占比为 47.54%，其他类的考核方式占比为 8.20%。通过数据可知，课程考核方式仍以撰写课程论文为主，注重提高学生的学术写作能力，而与教学实践关联性较强的考核方式所占比重相对较小。考核是对学生学习成果的一种检验，是否具备较强的教学实践能力突出体现在学生是否具备较强实操能力。因此，需要加大与实践关联性强的考核方式的比重，提高学生教学实践能力。

第 19 题：您认为以课程论文为主要考核方式，是否对您的专业学习有所帮助？

调查结果显示：52.46% 的学生认为有一定帮助，36.07% 的学生认为有帮助，11.47% 的学生认为没有帮助。大多数学生认为，以课程论文为主的考核方式对自身的专业学习有一定的帮助。课程论文作为一种沿用已久的考核方式，有其自身的优点，可以锻炼学生的资料查找、逻辑思维和论文写作能力，但是对该专业学生来说，教学实践能力的培养更为重要，高校应该改变传统的培养学术型硕士的方式，明确专业型硕士和学术型硕士的差异，做到区别对待。

第 20 题：您认为该专业课程学习期间最好的授课方式是什么？

调查结果显示：44.26% 的学生认为合作探究为主、其他为辅的授课方式比较好，42.62% 的学生认为实践为主、讲授为辅的授课方式比较好，4.92% 的学生认为专题讲座的授课方式比较好，6.56% 的学生认为讲授为主、其他为辅的授课方式比较好，1.64% 的学生更倾向于其他形式的授课方式。

综上所述，通过对调查结果的分析，笔者发现了一些新的问题：一是生源相对来说比较复杂，跨专业学生较多；二是核心课程和拓展课程需要进一步优化和改进；三是课程内容存在交叉重复的问题；四是所在院校考核方式和授课方式需要进行优化和调整。

二、汉语国际教育硕士专业学位课程设置建议

（一）对外语课程进行综合调整

汉语国际教育专业的硕士研究生熟练掌握一门甚至多门外语是专业培养的一个重要目标。针对目前河南 7 所高校外语课程存在的问题，可

以作出以下优化和调整。

1. 需要对公共外语课程进行调整

①建议设置为专业必修课，进行小班教学，适当延长学时，增加考核难度。郑州大学已将外语课程纳入学位核心课程，这种方式值得学习和借鉴。

②可以针对课堂常用教学用语进行专题授课，内容实用，可以激发学生的学习兴趣。

③鼓励学生参加雅思、托福考试，组织专业教师进行雅思、托福考试培训，提高学生通过率。据调查，河南部分院校学校对研究生参加雅思、托福考试均有鼓励政策，如河南大学鼓励学生参加雅思考试，如果学生通过考试，将退还考试费用，以上措施均能在很大程度上帮助学生提高外语水平。为了更好地帮助学生提高外语能力，各学校还可以通过为学生开设专门的外语培训课程来提高学生的雅思通过率。这样不仅可以提高学生的外语能力，而且对学生出国深造或做汉语教师及在国内寻找工作都有所帮助。

2. 需要对第二外语课程进行优化

建议在拓展课程中开设两门以上的第二外语课程，学生至少选一门进行学习，或者在学位核心课程中增设一门第二外语课程，这样做的前提有两点：一是在公共外语课程方面为学生减负，二是学校的培养可以做到地域化、国别化。如果可以实现，对学生语言能力的提升和未来的实习与就业都有很好的帮助。另外，高校还可以多组织汉语国际教育专业硕士研究生与外国留学生的交流活动，让他们在语言学习上互帮互助，共同进步。

（二）增加汉语本体知识类课程

汉语语言学作为对外汉语学科的理论基础之一，在学生的培养和未来工作中都有着不可替代的地位与作用。针对部分高校汉语本体知识类课程缺乏的问题，可以作出以下调整优化。

一方面，应该增加汉语本体知识类课程的数量和课时量。目前，《09方案》并未将汉语本体知识类课程纳入学位核心课程中，拓展课程中也没有设置相关的课程。在河南 7 所高校中，仅有河南大学在学位核心课程中设有"汉语言学导论"这一汉语本体知识类课程，其他部分院校只在拓展课程中设置 1 ～ 2 门汉语本体知识类课程，这表明部分院校对汉语本体知识类课程的重视程度不够。从对河南各高校课程设置的整理分析来看，该类课程在汉语国际教育硕士专业学位所有课程中的所占比重较低。因此，建议在学位核心课程中至少设置一门汉语本体知识类课程，在拓展课程中设置两门汉语本体知识类课程，以供学生选择学习。

另一方面，在内容、课时、开课学期、师资安排、授课方式和考核方式上进行优化和调整。在内容安排上，可以分为汉语理论知识与对外汉语教学语法（根据汉语学习者的汉语习得顺序）；在课时安排上，学位核心课程的课时可以为 72 课时、每周 4 个课时，拓展课程的课时可以为36 课时、每周 2 个课时；在开设学期上，可以安排在第一学年第一学期；在教师安排上，可以安排两位教师，一位理论功底深厚，另一位拥有丰富的教学经验，这样可以使学生在课程学习过程中将理论与实践相结合；在授课方式上，可以将理论讲解、案例分析相结合；在考核方式上，可以采用课程论文与教学试讲相结合的方式。

（三）实现培养特色化、国别化的目标

目前，汉语国际教育专业硕士研究生的培养逐渐走向特色化、国别化。比如，中央民族大学汉语国际教育专业硕士研究生的培养主要面向美国的对外汉语教学，并且十分重视学生中华才艺的培养；对外经济贸易大学依靠其丰富的小语种专业和经济、商务等优势学科，在商务汉语的教学、教材和课程的开发、人才培养模式和师资培训的建设等诸多方面形成了鲜明的商务汉语教学体系；新疆地区高校汉语国际教育专业的

人才培养主要面向中亚地区和俄罗斯，开设了众多小语种课程，并以此作为其课程设置的突出特点；上海外国语大学充分利用语言类高校的外语优势，根据汉语国际教育专业学生的差异性，设有"法语""拉美地区文化"和"西班牙语"等特色课程，为学生的实习打下了较好的语言和跨文化交际的基础。河南高校也可以从这个角度出发，对课程设置进行优化调整。

在河南这7所高校中，有师范类高校、理工类高校、综合类高校，各个院校都有自身的优势。综合类院校各类资源丰富，师范类院校有着专业的教师职业培养体系，理工类院校有着理工类优势专业。各院校可以依靠自身优势专业、丰富资源，对汉语国际教育专业及其课程进行新的定位，既然英语专业可以有医学英语、商务英语等，那么汉语专业同样可以有医学汉语、商务汉语等。

另外，在国家"一带一路"倡议的引领下，我国与共建"一带一路"国家的合作越来越多，为了加强我国与其他国家在文化、经济方面的交流沟通，实现合作共赢，派出一定数量的汉语教师势在必行。因此，如果能够针对共建"一带一路"国家设置相关课程，如共建"一带一路"国家语言课程、共建"一带一路"国家语言习得课程等，就可以在很大程度上实现培养的特色化和国别化，进而对学生的实习和就业产生深远的影响。

（四）强化校际合作，建设资源共享平台

通过对河南各高校汉语国际教育硕士专业学位的培养方案中课程设置部分的对比分析，可以发现各高校在该课程设置上都有自身的优势和特点。如果能够强化河南各高校之间的合作，建设资源共享平台，将十分有利于河南各高校该专业课程设置的优化和人才的培养。

校际合作是指以两所或多所院校为主体，在管理、教学、校园文化建设等多个方面进行合作，以实现一定的教育目的的一种合作办学模式。

这种合作办学模式在国内外均有典型案例且成果显著，如中国的 C9 联盟、G7 联盟、Z14 联盟；美国的克莱蒙特学院联盟、常春藤联盟；国际上的世界大学联盟、环太平洋大学联盟等。因此，河南各高校可以借鉴国内外校际合作的经验，利用地缘优势和院校历史渊源，就汉语国际教育专业的发展和人才培养质量的提高，在教学、管理等多个方面进行校际合作，成立教学联盟。通过建立高校之间的协调管理机构，在实现学分的互认、学生管理的交接等制度保障的基础上，实现各高校师资、课程等多方面的优质资源整合和高效利用。具体而言，在师资队伍的建设方面，校际合作可以加强合作院校教师之间的沟通交流，提升师资水平；在课程资源方面，学生可以在线上或线下选修合作院校同一专业领先水平的优质课程，这样做不仅有利于学生专业水平的提升，也可以激励教师开发精品课程。

从目前来看，校际合作是优化高校资源配置、提升高校办学水准的重要手段和方式，也是未来高校发展的一种趋势。因此，河南各高校应以汉语国际教育专业人才培养校际合作为试点和突破口，加强合作，探索出一整套科学合理的校际合作方案，这样做不仅有利于河南省高校汉语国际教育专业课程设置和人才培养体系的优化，也有利于各高校未来的进一步发展。

（五）改良课程教学方法与考核方式

教与学贯穿学校教育的整个过程，研究生教育也不例外。目前，我国的研究生教育仍以传统的讲授法为主。这种教学方法以教师单方面的知识讲授为主，可以在有限的时间内向学生传授大量的知识，但是不利于学生实践能力和创新能力的培养。对于汉语国际教育硕士专业学位来讲，为了更好地培养学生的实践能力，建议将讲授法与其他具有较强实践性的教学方法相结合。《09 方案》强调，"运用团队学习、案例分析、现场研究、模拟训练等方法，力争研究生在课程学习期间能接触到 100

个以上不同类型的案例，提高教学技能和国外适应能力"。《2014年汉语国际教育专业学位授权点专项评估工作方案》也将教学方法纳入学位授权点的专项评估当中。因此，各院校应依据实际情况，恰当运用教学方法，提升教学质量和人才培养质量。

除了教学方法，考核方式的合理性也十分重要，考核是对学生课程学习情况的检验，以便于安排下一阶段的教学。目前，硕士研究生阶段的专业课程考核方式以课程论文为主，公共课程以试卷测试为主。但是，大多数的课程论文仅仅是对材料的收集整理和对学术写作的一种训练。在对课程论文进行批改后，任课教师并没有及时与学生交流，指出其问题所在。本科阶段还存在考后的试卷评析，而在硕士研究生阶段，教师授课结束后，学生除了自己的导师，和其他教师见面的机会很少。因此，虽然课程论文对学生的论文写作和科研能力的提升有一定的帮助，但是考虑到专业型硕士和学术型硕士的差异性，汉语国际教育硕士专业学位课程考核方式可以采用多种考核方式相结合的方法，可以包括课程论文写作、教学设计、课堂试讲、现实案例分析、课堂发言、日常读书报告、课堂笔记等，课程论文和其他类型考核各占50%。合理的考核机制也需要及时的反馈机制相配合，如果仅仅是考核，而没有进行反思和总结，学生不会取得很大的进步。

（六）交流常态化，避免课程内容重复

硕士研究生阶段的教育是对本科教育的进一步深化。与本科阶段的课程学习相比，研究生阶段的课程显得更加专业化和细节化。考虑到汉语国际教育专业硕士生源的复杂性，跨专业学生数量较多，基础性知识掌握不牢固，很多院校和教师在课程内容的安排上需要进行多方面综合考虑，在教学内容的安排上会增加基础理论知识在整个课程教学计划中的比重。这样做虽然在很大程度上有助于跨专业同学夯实基础，但是也会出现课程内容与汉语国际教育本科阶段课程重复的问题。对于本硕专

业一致的学生来说，他们在上课过程中会感到内容的陈旧和重复，上课积极性会有所下降。

因此，在研究生刚入学的时候教师就需要了解学生的情况，如河南大学汉语国际教育专业的教师在学生开始课程学习前会进行一次学生情况调查，对学生的本科专业、本科所学课程等各个方面进行摸底，以便于课程的安排。但仅仅了解学生情况是不够的，各任课教师在新学期开始前也需要进行交流。只是上好自己的课是不够的，互相沟通，合理安排，可以在很大程度上避免课程内容的交叉重复，可以更高效地利用有限的教学时间，提高教学的质量。

（七）预备课程规范化

预备课程的设置对于跨专业、本专业基础知识不牢固和缺乏实践经验的学生来讲是十分重要的。目前，预备课程存在的问题是没有统一的标准和规范，这对于汉语国际教育专业硕士的培养是不利的。

预备课程应该严格按照《09方案》进行设置，包括课堂教学观摩与体验和综合基础课程两个部分。从课程内容来看，现代汉语、语言学概论两门课程作为该专业的基础知识，可以作为综合基础课程的必要内容，其余课程可以根据各院校课程资源和生源情况进行具体安排设置。从课程数量来看，预备课程的数量不宜过多，以免增加学生的学习压力。

首先，从综合基础课程安排上来说，在每年研究生录取工作结束后，学生会有很长一段时间的空档期，综合基础课程的学习可以放在这个阶段，可以让学生在这段时间内，以网课的形式进行学习，因为网上也有很多优质的专业课程，足以满足学生学习的需要。另外，在开学后进行测试，对学生进行考核，了解其学习情况。这样做不仅可以为新学期教师的课程安排提供一些依据，也可以为接下来的课程学习打下一个良好的基础。除此之外，高校也可以提供一些阅读书目，如专著、期刊等，让学生做好笔记，开学后进行检查。

其次，从课堂观摩的教学与体验安排上来说，同样可以利用上面所说的空档期，为学生提供一些其他学校或本校的各种类型的留学生授课视频，让学生进行观摩学习和总结，开学后让学生上交一定数量的观摩记录。另外，有条件的学校可以在开学后尽快确定学生的第二导师，让学生尽快进班听课或协助导师进行课堂管理和教案撰写。因为汉语国际教育专业硕士的学制本身就较短，如果把实训时间放在第二学年，学生不仅有论文写作和找工作的压力，还会有懈怠心理。因此，要让学生把功夫下在平时，在日积月累中提升。

第五章　汉语国际教育硕士研究生质量保障与监控体系建构

第一节　汉语国际教育硕士研究生质量保障与监控体系建设的原则及基础

质量保障与监控体系在研究生培养过程中发挥着重要作用，构建完整的质量保障与监控体系不仅需要完善的制度，更要符合专业和学科需要，要在师资队伍、课程体系、实习实践等方面加强建设和改革，而这些恰恰是质量保障与监控体系得以发挥作用的前提和基础。

一、汉语国际教育硕士研究生质量保障与监控体系建设的基本原则

（一）实践导向原则

汉语国际教育专业研究生质量保障与监控体系构建的核心目标是切实提升研究生的专业实践能力、职业实践能力，相对于学术型硕士研究生教育质量的监控而言，汉语国际教育专业研究生质量保障与监控体系

的一个重要导向就是研究生实践能力的培养和发展。因此，汉语国际教育专业研究生质量保障与监控体系构建必须遵循实践导向原则，并将这一原则贯穿整个质量保障与监控体系构建的始终。这就要求在研究生实践能力培养、实践平台搭建、实践制度建设、实践环节监控、实践效果考核、实践成果转化等各个环节采取有效措施。

（二）合作联动原则

汉语国际教育专业研究生质量保障与监控体系包括内部质量保障体系和外部质量监督体系，体系的健康运转需要充分发挥教育行政部门、学位授予单位、学术组织、行业部门、社会机构的合作联动功能。高校作为研究生培养的主体单位，在整个质量保障与监控体系中起着主要作用，因此要以提高人才培养质量为目标，充分发挥自身的主体性和主动性，在研究生培养的各个环节建立内部保障体系，并不断完善。教育行政部门作为外部质量保障体系的主体，在专业学位研究生质量监控体系中居于主导地位，通过制定和规划质量保障与监控体系的政策法规进行立法保障、制定质量监控标准和指标对高校研究生培养质量监控机制进行评估等途径对整个质量保障与监控体系进行宏观调控。社会是专业学位研究生质量监控体系中的重要力量，高校作为研究生培养的主体，培养质量高低要看研究生在离开学校后在工作岗位上的适应能力和发展水平。事实上，正是由于社会力量的参与，才促成了汉语国际教育硕士研究生质量保障活动的完整性。因此，汉语国际教育硕士研究生质量保障与监控体系必须通过外界政策支持和社会评价、监督来促进质量保障活动的开展和深化。

（三）发展适应原则

随着社会政治文化的不断发展，任何一个研究生质量保障与监控体系都会有其局限性。因此，汉语国际教育硕士研究生质量保障与监控体系也要遵循发展适应原则。这就要求体系内部各个系统的人员要树立质量意识、问题意识和改进意识，坚持理论和实践相结合，培养单位、教育行政部门、社会机构都要定期对硕士专业学位研究生培养质量保障与监控体系的各个环节进行分析和评价，发现其中的问题并及时找出解决措施，这样可以更有目标、有计划地开展质量改进工作。

二、汉语国际教育硕士研究生质量保障与监控体系建设基础

（一）汉语国际教育的专业定位

专业定位问题涉及汉语国际教育人才培养的目标、规格、学科体系、课程设置和教材编写。国务院学位委员会对汉语国际教育人才培养目标作出了明确规定，汉语国际教育被确定为专业性学位而不是学术性学位；其未来职业定位是教师，而不是学者；其教育对象是外国人而不是中国人；其教学能力要求是汉语教学及文化传播、跨文化交际3种能力。

汉语国际教育专业的培养目标是培养合格的对外汉语教师。国家汉办于2007年颁布的《国际汉语教师标准》从五个方面对汉语教师明确了要求，主要内容如下：一是从"汉语知识与技能"和"外语知识与技能"方面详细描述了教师应具备的汉语及外语知识与技能；二是从"中国文化和中外文化比较"与"跨文化交际"方面对教师应具备的多元文化意识提出了要求；三是要求教师了解第二语言习得理论与学习策略；四是从"汉语教学法""测试与评估""课程、大纲、教材与教辅材料"和"现代教育技术与运用"方面提出了教学法方面的要求；五是主要从职业素质、职业发展能力和职业道德方面对教师综合素质提出了要求。

从以上可以看出，国际汉语教师不仅是汉语教学活动的组织者，也是中华文化的传播者和推广者。汉语国际推广者是中国语言文化传承创新主体和面向国际的中国语言文化传播主体，汉语国际教育应努力促进

新兴、交叉学科的培育，体现跨文化交际、实践技能训练与基础理论并重的专业特色，在人才培养方面围绕高层次、应用型、复合型专门人才培养目标，坚持理论教学与实践教学并重，更加重视实践教学的人才培养模式，将有关语言学、历史学、教育学、心理学、中外文化交流等领域的最新学术成果向实用性教学成果转化，以国际化视角建构适应汉语国际教育的、具有针对性的教学模式，推动汉语教学由本土模式向国际化新型教育模式转型。这就要求汉语国际教育专业在不断提高理论教学能力的同时，更要以国际视野，面向不同民族文化群体，与国内外文化研究机构、文化产品开发机构、教育机构等多元主体开展合作，加强海外专业实习基地建设，开发适应所在国民族文化特点的实践课程，构建开放、多元的国际化人才培养平台，把汉语国际推广者培养成既有丰富的中华传统语言文化知识，又有创造性地推广中华语言文化能力的多元载体，使其自觉成为本国文化的传播者、其他文化的引进者、多种文化的沟通者，从而积极参与世界多元文化的构建。

基于此，全国汉语国际教育专业学位研究生教育指导委员会制定的《培养方案》明确要求："课程设置以实际应用为导向，以国际汉语教师的职业需求为目标，围绕汉语教学能力、中华文化传播能力和跨文化交际能力的培养，形成以核心课程为主导、模块拓展为补充、实践训练为重点的课程体系。"

《培养方案》明确指出汉语国际教育专业课程设置的导向是"实际应用"，目标是"汉语国际教师的职业需求"，具体要求是培养3种能力，即汉语教学能力、中华文化传播能力和跨文化交际能力。由此可见，《培养方案》十分强调课程设置的应用性、职业性和实践性，从而突出了汉语国际教育的专业定位方向和具体课程设置的指导性方向。

（二）汉语国际教育的学科定位

学界对汉语国际教育学科归属存在争论，这种争论还将继续下去，难以在短期内形成共识，但对汉语国际教育专业的实践者来讲，没有必要在这个问题上过多纠结，离开专业定位讨论学科定位就会陷入学科是学科的学科，而不是专业的学科的误区，学科建设也就成为无源之水、无本之木，学科对专业的支撑作用也就成为一句空话。因此，学科定位应该首先明确专业定位。

国务院学位办已经明确了汉语国际教育硕士培养目标，简单来讲，就是要把学生培养成为教外国人学习汉语的专业教师。根据这一定位，从学科来讲，汉语国际教育必须把如何教授外国人汉语作为重点研究对象。只有从这个方向上对汉语国际教育进行学科定位，才能形成稳定的学科方向，凝聚研究队伍，形成与学科方向相契合的研究成果，才能为专业建设、人才培养提供学科支撑，才能保证质量保障与监控的落实。

研究如何教授外国人汉语，就要研究适合开展对外汉语教学的汉语言自身的结构规律、探索汉语言教学的规律和方法、研究学习者的习得过程和教学环境等。开展这种内容的研究，需要多学科共同参与，语言研究属于语言学的学科范畴，教学法研究属于教育学研究范畴，习得研究既有语言学又有认知科学的学科属性，同时是教育学关注的课题，教学环境和教学方法的研究则与现代教育技术、传播学及与此相关的一些学科有关，其中教材研究、语言测试、语料库等研究还可能涉及出版、心理测量和计算机技术等学科。

研究如何教授外国人汉语，汉语国际教育就要有针对性地研究对象国家的政治、历史、文化、宗教信仰和风俗习惯等，做到"入境而问禁，入国而问俗，入门而问讳"。只有熟悉对象国家的风土人情和历史文化，才能把一个完全陌生的教学环境变成一个以汉语为媒介的教学课堂，才能在避免文化冲突的情况下保证汉语教学的顺利开展。

研究如何教授外国人汉语，汉语国际教育不仅要研究汉语和汉语言教学，也要研究蕴藏在汉语言背后的中国传统文化。对任何文化形式来讲，语言是文化的载体和符号，汉语言教育不可能脱离文化内容，只有在教学中营造更多的文化氛围，才能为汉语教学提供丰富的内容和形式。一个在海外从事汉语教学与研究的教师，只有对自己国家的政治、历史、文学、艺术、哲学、社会等内容有了深入的了解，才能真正成为一名合格的汉语教师。否则，汉语教学就会成为无源之水、无本之木。

因此，从学科角度来讲，专业性质决定着学科性质，以传播汉语为取向的汉语国际教育的专业属性决定了它的学科属性。首先，汉语国际教育是传播汉语的，所以它必须研究语言，包括理论语言学和应用语言学在内的语言学、汉语言文字学是它的学科基础；其次，汉语国际教育是培养汉语教师的，所以它要研究教育学、认知科学和现代教育技术等。

汉语国际教育学科的汉语不仅是中国语言文学学科中的汉语，还是以语言为桥梁的中国传统文化的载体，它既需要中国语言文学做基本支撑，更需要政治学、社会学、中国史、考古学、艺术学、哲学、教育学、心理学等诸多学科的共同参与；既需要研究中国语言文化，更需要以国际视野研究汉语推广目的国的语言文化；既是在世界范围内推广中国语言文化的应用性学科，又作为尚未走向成熟的新兴学科，它更需要深入研究专业建设规律，深入研究完善人才培养和汉语国际推广的教育教学模式。因此，汉语国际教育不能被简单地归于现有的哪个学科名下。汉语国际教育从一开始就应该成为一个由多学科交叉而成的独立学科、新兴学科，只有在多学科交叉的"广""泛"视域里，汉语国际教育的学科价值和地位才能凸显出来。加强汉语国际教育人才培养工作，必须充分发挥中国高校的体制优势，拓宽学科视野，把汉语国际教育看作各学科协同建设的综合性特殊的汉语教学类专业，与国内外大学、各级教育机构、协同单位等加强共建，整合哲学社会科学不同学科的资源，以多元的眼光分析、衡量彼此间的学科建设任务和具体工作效率，形成一种系统化的学科和专业建设的动态机制，促进学科交叉与融合，实现各协同单位、各学科之间互联互通，将汉语国际教育学科打造为集专业教育、学术研究和文化传承创新与推广为一体的新型学科。

第二节　汉语国际教育硕士研究生质量保障与监督
体系建设路径

"质量保障"（quality assurance）一词来自 20 世纪 50 年代左右的西方企业界，并于 20 世纪 80 年代末 90 年代初应用于高等教育领域。大学的质量保障主要是在内外需求的基础上应运而生的，正如剑桥大学副校长安娜·朗斯黛尔（Anne Lonsdale）认为的："第一是大学的内部需求，即管理并为师生提供健康环境的需求；第二是大学外部的需求，即大学外部要为大学制定一套公认的授予相应资格和学位的标准。"① 我国学者在定义高等教育质量保障及研究生教育质量保障时，其内涵与主旨大多是对这一观点内涵的转述与阐释，认为研究生教育质量保障体系是指："跟研究生教育质量保障相关联的研究生教育过程中的各个保障要素之间相互联系、相互制约的整体，它是一个复杂的系统工程，涉及政府、社会和大学等诸多质量保障主体，是质量保障系统的多主体、多因素和多层面共同参与作用的结果。它包括研究生教育外部质量保障体系和内部质量保障体系。"② 因此，研究生教育质量保障体系就是在研究生培养过程中内部与外部诸多要素共同参与、互相制约，通过一系列的政策与过程来保障研究生教育质量，从而达到提高和改进研究生教育质量目的的一个有机联系的整体。

---

① ［英］安娜·朗斯黛尔. 教师发展与教和学中的质量保障 [C]// 教育部中外大学校长论坛领导小组. 中外大学校长论坛文集. 北京：高等教育出版社，2002：249.

② 蒋馨岚，徐梅. 世界一流大学的研究生教育质量保障体系：特征与启示 [J]. 学位与研究生教育，2011（11）：14-18.

一、汉语国际教育硕士研究生内部质量保障与监督体系建设路径

（一）重视培养条件建设

汉语国际教育硕士研究生内部质量保障与监督体系的构建是一个系统化、全程化的整体方案，囊括了从招生到毕业的一系列制度的建构，制定完善的质量保障和监督方案，既是一个认识论的提升过程，也是一个制度构建的过程。

1.努力提高生源质量

汉语国际教育专业培养目标的真正实现，在很大程度上取决于专业的生源质量。专业学位硕士研究生的生源质量对后期的培养工作如培养方案的制定、课程教学、专业实践等环节都有着重要的影响，把好"入口"关是实现汉语国际教育专业硕士研究生培养目标的关键环节。为保证汉语国际教育专业生源质量，需要规范招生录取工作，建立适合本专业特点的优秀生源选拔的长效机制。汉语国际教育专业的学科特色决定了该专业的培养目标是汉语和中华文化的传播者和推广者，是汉语海外教学的组织者和实施者，因此在生源选择时要优先考虑汉语国际教育专业或相近专业，同时在复试工作中突出面试，重点考查学生的教学技能、文化素养、外语水平，并专门增设中华才艺考核项目，在面试中增加对考生"是否适合当教师"的考核内容。在实际录取时，实施同等条件下"四优先"原则：优先选拔汉语国际教育专业背景本科生；优先选拔国学教育背景学生；优先选拔外语基础好，特别是小语种学生；优先选拔具有中华才艺的学生。

2.打造高水平的师资队伍

导师是研究生培养工作的主要组织者和实施者，导师队伍的结构、水平、素质直接影响研究生培养质量。与国际汉语教学中师资的重要性

相一致，培养汉语国际教育师资的师资同样重要。如前所述，很多高校特别是地方高校的专业课程往往由汉语专业教师、语言学专业教师和文学专业教师讲授，相对稳定的高素质的专业教学队伍还没有真正形成，这些来自相近专业和学科的教师不可避免地会带有本专业和学科的本位属性，从而可能导致教育内容、培养方法与专业培养目标相疏离。因此，汉语国际教育专业应大力改善师资发展条件，以"请进来"的模式引进汉语国际教育专业教师，提高专业教师的比例，并与国内外相关机构建立长期合作关系，主动邀请相关领域的专家来校兼职任教、讲学，提升现有教师的专业素养；以"走出去"的模式鼓励教师积极走出校门、国门，广泛参加国内外有关专业建设、人才培养的学术研讨会，以及参与各种教学观摩、实习实践及技能比赛活动。通过这些方式，高校可以提高汉语国际教育教师学科建设水平，不断优化专业教师队伍结构，为提高汉语国际教育专业人才培养质量提供高水平的师资条件。

从安阳师范学院的做法来看，该校以"双师型"导师队伍建设为重点，采取多种措施提高导师队伍水平。

一是在导师遴选过程中严格把关。学校制定了《硕士专业学位研究生指导教师遴选办法（试行）》，对导师的教学水平、科研能力、实践技能作了明确规定和要求，优先选拔有海外教学经验的教师。

二是提高校外导师比例。学校注重吸收汉语国际教育领域的专家、学者和有实践经验的专业人员担任兼职导师。在专业实习期间，学校聘请国内实习单位和海外实习学校的教师为专业实践指导教师，从而形成了以校内导师为主、校外导师参与专业实践和论文指导的"一生多师"的协同指导机制。该专业先后聘请了中国社会科学院唐际根博士、国家汉办志愿者中心郭娇阳主任、泰国朱拉隆功大学教育学院邵力敏博士（泰国）、泰国泰华教育协会郑相斌博士（泰国）、中国文字博物馆冯克坚书记等为兼职研究生导师，形成了以校内导师为主、校外导师参与专业实践和论文指导的"双导师制"。

三是稳步推进导师培训。学校定期举办专业学位研究生导师培训班，邀请省内外专家从中华文化传播、专业思想教育、课堂教学、论文指导和实习实践等方面作专题辅导；分批派出导师到北京师范大学、华东师范大学、北京语言大学等高校进行访学交流，提高教学能力；积极推进导师海外实训计划，分批次选派缺乏海外实际教学经验的导师到海外进行培训，加深他们对汉语海外教学的认识，了解最新的行业情况，提高导师业务能力。针对安阳师范学院研究生在国家汉办志愿者项目中主要派出国家为泰国的实际情况，2017年学校派出5名导师到泰国进行为期6个月的实践教学，切实提升了导师海外实践教学能力和实际指导能力。

四是积极实行师生互选。将竞争机制引入师生互选，师生在互相了解的基础上进行双选并确定培养计划，大大调动了导师和研究生的积极性，为培养过程奠定了良好的基础。

五是严格进行导师考核。学校制定了《硕士专业学位研究生指导教师考核办法》，每3年进行一次集中考核，不仅考核导师的教学和科研情况，而且把导师履行岗位职责、学术道德和学风建设、参加培训和从事海外汉语教育情况纳入其中。

六是加强校内校外导师的交流和沟通。通过教学研讨会、实习汇报会等形式增加与校内校外导师沟通交流的机会，共同探讨研究生培养过程中的问题和改进措施，形成人才培养合力。

通过上述措施，安阳师范学院汉语国际教育专业已经初步建立了一支综合素质较好、专业化程度较高、专兼职结合的指导教师队伍，为保证人才培养质量提供了良好的师资条件。

3. 建设高标准的支撑条件

鉴于实习工作对汉语国际教育专业的重要性，提高汉语国际教育硕士培养质量首先要求建设高标准的、数量充足稳定的、可供本专业学生开展实践教学或专业实习的基地，特别是海外实习基地。为满足研究生专业实践需要，安阳师范学院在校内校外、国内国外建有长期、稳定的实习基地。一是学校投资建设汉字文化体验与研究中心，用于汉语国际教育硕士研究生的校内实习实践；二是在国内先后与殷墟博物馆、中国文字博物馆、北京私立树人·瑞贝学校、青山学院天津校区、天津市第三中学等单位建立汉语国际教育专业实习基地；三是积极拓展海外实践基地，目前已经和英国奥斯特大学北爱尔兰孔子学院、泰国北榄府公立培华学校、泰华东北教育协会及泰国教育部曼谷第二、第二十一和第二十三教区教委所属中学签订了实习协议；四是依托"汉语海外传播"协同创新中心与北京师范大学等协同单位实现海外孔子学院研究生实习基地的资源共享；五是通过汉语志愿者项目"借船出海"，为研究生提供海外实习机会，学校先后派研究生赴美国、英国、澳大利亚、泰国、菲律宾、柬埔寨、缅甸、尼泊尔、韩国、坦桑尼亚、埃及、波黑等国家从事汉语教学和专业实习。从专业实践效果来看，安阳师范学院研究生深厚的文化底蕴、有趣的才艺展示、生动的课堂教学艺术受到实习学校师生的高度评价。10名研究生在泰国实习期间因表现优秀被国家汉办评为"优秀汉语志愿者教师"。鉴于安阳师范学院汉语国际教育专业做出的突出成绩，2015年12月9日的《中国教育报》以《安阳师范学院：汉语海外传播舞台上的华丽舞者》为题，以整版篇幅对学校近年来汉语海外传播工作中取得的骄人成绩进行了详细报道。良好的中外交流提高了学校的社会声誉，2017年4月，学校汉语国际教育专业招收了首批留学生，标志着学校办学水平和社会影响的新突破，同时给研究生提供了一个校内专业实践的新平台。

（二）强化培养过程管理

1.培养目标应定位准确

国务院学位办制定的《全日制汉语国际教育硕士专业学位研究生培养方案》明确了本专业的人才培养目标，该方案对培养目标定位准确、要求明确，具有明显的针对性、国际性和外向型特点，既突出了对人才能力的培养，也充分体现了汉语作为外语教学的专业特点；既反映了专业的职业要求，也适应了汉语海外传播的客观需求，对汉语国际教育硕士在中华传统文化、跨文化交际和外语能力等方面的具体表述体现了专业人才培养的国际性和外向型。但这个目标是指导性的、宏观的，各培养单位只有结合自身优势和特色，准确定位具体的人才培养目标，才能培养出具有鲜明特色的符合专业特色、体现自身优势的汉语国际教育教师。

2. 课程体系应突出特色和优势

总的来看，大多数高校在人才培养目标的具体化表述方面主要包括全面发展、心理要求及外语技能等。鉴于课程设置总是应该服务于人才培养目标，所以培养单位设置的培养目标不同，一般总会在课程设置中体现出来，只有围绕特色目标设置特色课程，才能培养出既适应海外需求，又体现学校办学特点的特色人才。

例如，安阳师范学院作为一个地处中原、位居殷都的地方新建普通本科高校，充分发挥自身在甲骨文汉字研究方面的突出优势，形成了具有鲜明特色的人才培养方案和课程设置体系。通过与孔子学院协商，安阳师范学院制定了汉语国际教育专业硕士人才培养方案。虽然方案确定的专业培养目标与国务院学位办出台的方案完全一致，但该校在课程设置上凸显了自身中国传统文化、文字学等学科研究优势和专业特长。具体来看，该校确定了"汉字为基、技能为本、文化为魂、外语为翼"的办学思路，以突出专业和学科定位为基础原则，以重视培养学生专业教学和研究能力、面向海外不同文化背景开展订单式培养为出发点，全面实施"小课程大实践""小语种订单式"人才培养方案。该校采用2年学制，其中第一年以课程学习为主，侧重培养学生汉语基础知识、文化底蕴和教育学理论修养；第二年主要以专业实习和学位论文撰写为主，重点强化学生面向不同文化背景教育对象的实践教学能力和研究能力。在整个培养过程中，始终以人才培养目标为准绳，以汉语教学技能、汉语国际教育实践技能、中华文化传播能力和跨文化交际能力为重点，构建了"两大平台"和"七大模块"的系统化课程方案，充分显示了安阳师范学院汉语国际教育硕士专业学位人才培养的优势和特色。其他一些高校除保持培养方案要求的基本课程外，也增加了具有自身鲜明优势和特色的应用型课程。例如，南开大学十分重视案例教学和双语教学；天津中医药大学突出了自身中药研究的优势，设立了中医药文化知识和中医药文化国际传播两个研究方向，培养方案新颖独特，创新意义较强。

3. 重视实践能力的培养

《培养方案》提出了"教学、文化传播和跨文化交际"3种能力的培养目标，将实践能力的提高作为专业培养的首要任务。提高学生实践能力的核心是过程培养阶段中的实习环节。教学实习是汉语国际教育专业硕士培养必不可少的实践性教学环节，是实现研究生"3种能力"特别是培养优秀汉语教师的较为重要的渠道和保证。为此，安阳师范学院从以下三个方面加强对研究生实习环节的管控和督导：一是规范实习管理相关制度。从制度建设入手，出台全日制汉语国际教育专业学位研究生实践管理的制度文件，对实践能力培养的相关环节制定标准、提出要求，对研究生培养单位、管理部门、导师、研究生、实习单位进行责权界定。二是加强导师督导。汉语国际教育专业研究生实习期间实习单位会配备校外指导教师，但由于汉语国际教育专业的实习环境一般在国外，教学对象是外国人，研究生缺乏实际教学经验等原因，在实习初期，校内导师的指导会帮助他们有效解决文化适应和课堂教学方面的相关问题，加强实习过程中的督导，督促研究生制定科学合理的教学实习方案，及时提交教案、填写实践教学手册，及时对教学内容进行总结和反思。导师通过对研究生实习环节的指导，不仅可以将研究生在实习期间出现的问题进行总结归纳并应用于以后的教学环节，同时通过对研究生实习情况的全程参与，也可以对研究生的实习作出客观、准确的评价。三是健全实习评价体系。建立科学、完善的实习评价体系，对研究生的实习情况进行合理、准确的评价，不仅是对研究生实习情况的总结归纳，也是对人才培养质量的重要检测。由研究生提供实习计划、实习报告、教案、教学视频资料等材料，通过实习汇报会、优秀实习生评选等方式，从实习单位指导教师评价、教学对象评价、导师评价、学院评价和自我评价等几个部分来对研究生实习效果进行综合评价。

4.保证毕业论文写作质量

学位论文既是研究生学习情况的全面总结，也是研究生培养质量的直接反映，同时是申请和授予硕士学位的基本依据。汉语国际教育硕士专业学位论文撰写是该专业硕士培养过程的重要组成部分。《09方案》在《07方案》的基础上就学位论文方面增加了"有应用价值"的要求，应用型也是专业学位论文区别于学术型论文的主要特征。《汉语国际教育硕士专业学位论文撰写指导意见》明确指出，汉语国际教育硕士专业学位论文应紧密结合汉语国际教育实践进行选题，须具有明确的汉语国际教育背景和应用价值，体现研究生综合运用科学理论、方法和技术解决实际问题的能力。论文可以是调研报告、教学实验报告、典型案例分析、教学设计、专题研究等。严格应用型学位论文标准，要求研究生在论文选题上紧密结合教学实践，尤其是通过实习论文一体化，把海外从事国际汉语教学的亲身体会和经验的理论总结，或者在国内大学留学生课堂从事汉语教学的思考和研究、对汉语国际教育具体问题的调查和体验在学位论文中体现出来。

安阳师范学院汉语国际教育专业对研究生学位论文质量从论文选题、开题报告、中期检查、论文评审等环节进行了严格把关和全程监控。一是学校制定了专业学位研究生毕业论文答辩与学位授予工作方案和专业学位论文写作规范，从制度层面保障毕业论文质量。二是要求毕业论文选题要紧密结合汉语国际教育实际，做到真题真做。该专业研究生毕业论文选题100%来自专业实践，许多学生把自己国外专业实习和从事国际汉语教学的亲身经历与调研资料作为论文的选题和论据，从而保证了毕业论文的针对性和实用性。三是论文开题报告先提交由河南大学、郑州大学等高校教师组成的专家组进行审阅，初审合格方能提交导师组进行开题。四是开展校外双盲评审和学术不端检测，学校随机抽取50%的毕业论文进行校外双盲评审，100%的毕业论文进行学术不端检测。五是实行研究生论文预答辩制度，通过预答辩及时发现论文中的问题并进行解决，为正式答辩奠定了良好基础。六是毕业论文答辩邀请校外专家和实际工作部门专家参加。安阳师范学院通过构建毕业论文质量监控体系，吸收校外专家参与监督，有效地提高了毕业生论文水平，对提高研究生培养质量起到了重要的促进作用。

二、汉语国际教育硕士研究生外部质量保障与监督体系建设路径

（一）外部质量保障的技术和方法

研究生培养目标的实现和培养质量的提高不仅要靠一系列制度框架构建起内部质量保障体系，也要接受国家高等教育管理部门、第三方评价机构及包括用人单位在内的社会和市场评价为主的外部质量保障体系的监督。目前，国内外高等教育外部质量保障的技术和方法主要有以下三类。

1.合格评估

我国高等教育的政府主导模式决定着政府和高等教育管理部门在外部质量保障与监督体系中起着主导作用。高等教育管理部门通过立法、颁布评估标准的手段开展合格评估活动，以检验研究生教育活动是否达到研究生培养要求，以监督研究生培养过程，保证研究生质量，是教育外部质量保障的基本方式。合格评估主要是政府为授予资格、依据法规进行的审批而实施的评估，办学单位只有参加并通过评估才能保持资格，周期性开展合格性评估，是保障高等教育活动培养质量和形成质量监管机制的基本措施。

2. 学科专业排名

学科专业排名是高等教育排名的重要内容，通常是在应社会需求和受教育者要求而开展的对教育资源提供与学生质量进行评估，并将评估结果予以排序发布的活动。学科专业排名能够为社会和受教育者本人提供可资利用的学科建设与人才培养的质量信息，其公开、公正、透明的特点能够敦促高等教育培养单位按照人才培养目标，履行人才培养方案，切实提高教育质量，为办好人民满意的教育而提供更好的服务。英国的《金融时报》和《经济学人》、美国的《商业周刊》等报刊都设有专业排名，并拥有自己的方法和数据。① 这些报刊的专业排名满足了不同学科领域的人们的特殊学习需求，为学生选报学校和专业提供了相对客观的参考资料，并且在相当大程度上决定着毕业生的就业身价，同时对教育管理者的投资决策产生着重要影响。

3. 质量认证

教育质量认证是由社会合法机构或协会对学校、学科或专业的建设目标、建设计划和建设成效达到某种教育质量标准或既定资质程度的公共性认定办法。质量认证过程的宗旨是提供一个公认的、对教育机构或者学科专业质量的专业性评估，并促进这些机构和专业不断改进与提升质量。由于质量认证的主要功能是满足相关行业和社会需要，因此组织质量认证的主体通常是专门机构和社会机构，培养单位可自由选择认证。质量认证结论为通过或不通过，但认证通过并不意味着一劳永逸，质量认证通过有一定期限，其有效期一般为 3～5 年。认证期满，如需要重新获得认证资质，还需要在有效期结束前进行再认证或认证维护。目前，质量认证已经成为行业职业需求强烈的教育质量保障的重要手段。② 目前，世界上影响比较大的质量认证机构主要在美国，如华盛顿协定

---

① 高飞，汪群龙.高等教育排名：比较与趋势[J].高教探索，2012（5）：63-66.
② 李军，王耀荣，林梦泉，等.专业学位研究生教育外部质量保障体系探究[J].中国高教研究，2014（5）：3-6.

（Washington Accord, WA）、国际商学院协会（The Association to Advance Collegiate Schools of Business, AACSB）等。

（二）外部质量保障体系的建构

汉语国际教育硕士研究生质量保障与监督体系建设是个系统工程，涉及个人、新闻媒体、社会机构、行业企业及中国学位与研究生教育学会等社会多元主体，这就需要明确政府、培养单位、社会机构各主体的责权关系，强化责任意识和质量意识，促进整个体系的健康持续发展。

安阳师范学院在构建汉语国际教育硕士研究生外部质量监督体系过程中重点关注了以下关键主体。

1. 加强与国家汉办的联系和合作

汉语国际推广工作的顺利进行，与志愿者服务项目的支持是分不开的。为切实提高汉语国际教育硕士研究生的实践能力，安阳师范学院大力支持国家汉办和河南省汉办的相关工作，从新生入学开始向研究生积极宣传志愿者项目，鼓励全体研究生参加选拔活动，在校期间通过开设中华才艺课程，组织有经验的导师和归国志愿者传授面试经验与海外教学经验，提高研究生志愿者选拔过关率。自 2013 年以来，安阳师范学院的汉办志愿者选拔过关率逐年提高，并且由于在海外实习期间表现出色，安阳师范学院研究生连续 3 年担任泰国汉语志愿者的河南省队队长，协助汉办老师做好在泰志愿者日常管理工作。安阳师范学院研究生的派出国家范围也由原来的泰国、印度尼西亚、菲律宾、柬埔寨等东南亚国家扩大到美国、英国、澳大利亚、尼泊尔、韩国、坦桑尼亚、埃及、蒙古、波黑等国，从而充分体现了汉办对安阳师范学院汉语国际教育专业研究生培养质量的高度认可。安阳师范学院研究生也用自己的实际行动向汉办交出了一份满意的答卷，有 10 名研究生在海外实习期间因表现优异被汉办评为"优秀汉语教师志愿者"，1 人被评为"全球最美汉语教师"，有大量海外学生因受到安阳师范学院汉语国际教育专业研究生的影响而喜欢上中国，选择到中国留学。

2.加强与汉语国际教育毕业生用人单位联系，做好跟踪调研工作

学校一方面通过各种访问形式了解用人单位对毕业生工作情况的调查；另一方面通过用人单位建立网络信息平台，跟进用人单位对毕业生综合素质的评价，了解自身在学生培养方面暴露的问题，对培养方案进行修订和完善，及时调整研究生教育管理方案，通过这种良性互动与合作，培养出符合社会发展需要的汉语国际教育应用型人才。

需要注意的是，在内部保障体系和外部监督体系的衔接过程中应处理好以下三个方面的关系。一是处理好体系建设和监督评估的关系。明确汉语国际教育硕士研究生质量保障与监督体系的建设标准和运行过程中的检查督导都是政府的责任，二者在条件、理念和目标上的一致性是实现整个体系健康和持续发展的必要条件。二是处理好政府宏观指导和培养单位自我评估的关系。政府应减少微观过程的行政干预，加强宏观指导和服务，培养单位建立完善的自评机制，改变被动接受评估的现象，形成自评和外部监督的衔接与协同。三是处理好社会监督与政府评估的关系。鼓励更多负责的社会机构参与评价，让社会对各种评价进行辨析和选择，通过有效机制，对社会评价进行评估和认可，提升社会评价的透明度和可信度，形成社会评价和行政评估的良性互补，构成内部保障体系与外部监督体系的闭环系统。

第六章 汉语国际教育硕士研究生专业实践能力的培养策略

第一节 汉语国际教育硕士研究生专业实践能力的体系框架构建

一、汉语国际教育硕士研究生专业实践能力体系框架构建的来源

（一）全日制专业硕士实践能力结构模型

本章参考了李晴虹通过质性研究全日制专业硕士实践能力的框架。李晴虹的研究适合所有参与实践的学生，对汉语国际教育的研究具有参考价值。本研究在此基础上针对汉语国际教育硕士研究生专业实践能力展开调查，并对每个维度间的关系进行了探讨。

李晴虹在我国设置的 19 种专业学位中选取了法律硕士、社会工作硕士、翻译硕士、工程硕士等 8 种专业的被调查者作为研究对象，采用强度抽样策略抽取能够为该研究提供丰富信息的个案，通过一套科学严谨

的调查，根据资料的逐渐抽象程度进行三个不同层次的编码，逐渐构建概念模型，并通过信度测试，指出实践动机、一般实践能力、专业实践能力与情境实践能力 4 个维度下实践能力的合理结构，并提出可以在今后的同类研究中使用。此框架包括 4 个一级维度和 14 个二级维度[①]，如图 6-1 所示。

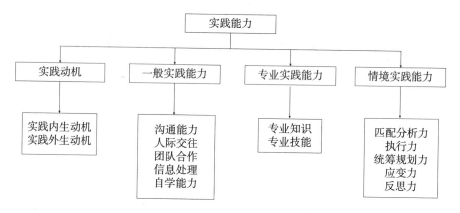

图 6-1 李晴虹设计的全日制专业硕士实践能力框架

李晴虹对实践能力框架中的四项能力的定义如下。

实践动机是个体实践活动的启动力量，由实践内生动机和实践外生动机构成。实践内生动机是指实践者从自身获得鼓舞而参与实践的倾向，包括兴趣、热衷、奋斗目标，具有稳定性和持久性。实践外生动机包括实践压力和实践外部回报。

一般实践能力是指从事任何行业、领域都应该具备的共同能力基础。

专业实践能力是指为解决某一特定领域的专业问题而对专业知识和技能要求的总称。

情境实践能力是指实践者通过对自身条件、情境问题及其相关因素的分析，作出统筹规划并能够在执行过程中随情境的变化，成功应变和及时反思内化的能力，是保证实践成效的关键。

① 李晴虹.全日制硕士专业学位研究生实践能力结构的研究[D].广州：华南理工大学，2016.

（二）实用主义教学理论

实用主义教育理念最初在 19 世纪的美国产生，美国哲学家、教育家杜威（Dewey）是实用主义教学的代表人物。"经验"是杜威教育思想的核心，经验包含一个主动因素和一个被动因素，这两个因素以特有的形式结合。只有注意到这一点，才能了解经验的性质。在主动因素方面，经验就是尝试——这个意义，用实验这个术语来表达就清楚了。在被动因素方面，经验就是承受结果。我们对事物有所作为，然后它反过来对我们有所影响，这就是一种特殊的结合。[①]

在汉语国际教育硕士研究生专业实践能力的培养中，本书汲取实用主义教育理念的精华，理解杜威强调的直接经验在教育中的作用，也认识到直接经验是学习的源泉并能够加强学习者对直接经验的理解。从杜威的主张中能够得到启示，汉语国际教育硕士研究生专业实践能力的培养同样要重视学生参加具体的汉语课堂或社会的实践，以便获得更多的直接经验。学校可以加强对实习实践环节的考核，从而指导学生在具体的课堂教学中去检验专业理论知识。

一方面，实用主义的教学理念对汉语国际教育硕士研究生专业实践能力的总体设计、框架的建立、问卷的编制和实施都具有宏观和微观的指导作用。

另一方面，实用主义的教学理念对汉语国际教育硕士研究生专业实践能力的培养和研究生培养模式的创新具有重要的指导意义，其实用性主要体现在课程内容和培养目标上。

（三）《国际汉语教师标准》

《国际汉语教师标准》解释了培养的目标和规范、课程体系、教师构

---

① ［美］杜威.民主主义与教育［M］.王承绪，译.北京：人民教育出版社，1990：148.

成、教学条件等方面的要求，由汉语教学基础、教学方法、教学组织与课堂管理、文化与跨文化交际、职业道德与专业发展组成。这5个维度下分别设有各个子维度作为汉语教师的标准和具体要求。

本书梳理了该标准5个维度下的各个子维度，并与李晴虹全日制专业硕士实践能力框架和《国际汉语教师标准》各个维度相匹配，得到汉语国际教育硕士研究生专业实践能力的结构体系。本书汉语国际教育硕士研究生专业实践能力各维度的具体项参照于此标准（见附录）。

二、汉语国际教育硕士研究生专业实践能力体系框架

（一）实践动机

汉语国际教育硕士研究生实践动机分为实践内生动机与实践外生动机，并根据其基础的构成维度确定指标下的概念内涵，描写具体的行为特征。通过《国际汉语教师标准》与《国际汉语教师标准大纲解析》对细化的各个维度进行分类，确定了汉语国际教育硕士研究生的实践动机，如表6-1所示。

表6-1　汉语国际教育硕士研究生实践动机各个维度下的指标

实践内生动机	1.认同汉语国际教师的职业价值； 2.热爱汉语国际教育事业； 3.尊重不同文化，具有多元文化意识
实践外生动机	1.了解相关学术动态与研究成果，参与学术交流与专业培训，寻求专业发展机会； 2.具有较好的心理承受能力和自我调适能力； 3.认识并理解职业价值，树立并维护职业信誉

（二）一般实践能力

一般实践能力包含沟通能力、人际交往、团队合作，这些能力是实

践者在实际情境中处理信息的能力。通过《国际汉语教师标准》与《国际汉语教师标准大纲解析》对细化的各个维度进行分类，确定了汉语国际教育硕士研究生一般实践能力各个维度下的指标，如表 6-2 所示。

表 6-2 汉语国际教育硕士研究生一般实践能力各个维度下的指标

沟通能力	1.能以适当方式客观准确地介绍中国； 2.具有符合职业需要的汉语口语和书面语交际能力；
人际交往	1.了解跨文化交际的基本原则和策略； 2.掌握跨文化交际技巧； 3.使用任教国语言或英语进行交际和教学；
团队合作	具有合作精神

（三）专业实践能力

汉语国际教育硕士研究生专业实践能力分为自学能力、专业知识、专业技能和匹配分析力。通过《国际汉语教师标准》与《国际汉语教师标准大纲解析》对细化的各个维度进行分类，确定了汉语国际教育硕士研究生专业实践能力各个维度下的指标，如表 6-3 所示。

表 6-3 汉语国际教育硕士研究生专业实践能力各个维度下的指标

自学能力	了解中国的基本国情；了解当代中国的热点问题；能自觉比较中外文化的主要异同，并应用于教学实践
专业知识	具备基本的汉语语言学知识和语言分析能力；了解第二语言学习基本原理；了解现代教育技术及对汉语教学的作用；掌握汉语教学的基本原则与方法；掌握汉语语音、词汇、语法和汉字教学的基本原则与主要内容；掌握汉语语音、词汇、语法和汉字教学的方法与技巧，并能根据不同的教学对象采用适当的教学方法；了解汉语技能教学的课型特点、教学目标与基本原则；熟悉有关的汉语教学标准和教学大纲；熟悉常用的汉语教材；了解课堂教学任务与活动的主要类型及特点；了解并适应不同国家和地区的课堂管理文化；了解课外活动的形式、特点和作用；了解测试与评估的基本知识和主要方法；了解世界主要文化的特点

专业技能	具备汉外语言对比的能力；具备分析和处理学习者偏误的能力；掌握汉语听、说、读、写教学的方法与技巧，并能有效地组织教学；具有运用现代教育技术进行汉语教学的能力；能合理设计课程并制订教学计划；能根据教学要求编写教案；熟悉常用的汉语教材；能合理选择、加工和使用汉语教材；能合理选用或制作必要的教具；掌握组织课外活动的基本方法和程序；能对测试与评估结果进行有效的分析和应用；能将文化阐释和传播与语言教学有机结合
匹配分析力	能根据不同的教学对象和教学目标进行教学，培养学习者的汉语综合运用能力；能根据学习者的特点，设计、组织教学活动；能根据不同的教学对象采用适当的教学方法；熟悉第二语言教学的一般原则，并具有将其与汉语教学实践相结合的意识和能力；能根据教学需要利用各类教学资源制作、补充教学材料；能创建有利于汉语教学的课堂环境与氛围；能采用适当的策略和技巧，实施有效的课堂管理；能根据不同教学目的选用或设计合适的测试与评估工具；能说明文化产品、文化习俗中蕴含的价值观念、思维方式、交际规约、行为方式

（四）情境实践能力

情境实践能力分为统筹规划力、应变力、反思力，保证实践成效的关键即情境实践能力。通过《国际汉语教师标准》与《国际汉语教师标准大纲解析》对细化的各个维度进行分类，确定了汉语国际教育硕士研究生的情境实践能力各个维度下的指标，如表6-4所示。

表6-4　汉语国际教育硕士研究生情境实践能力各个维度下的指标

统筹规划力	1.具备设计教学任务和组织教学活动的能力； 2.能根据学习者特点组织课外活动
应变力	1.能根据教学需要利用各类教学资源制作、补充教学材料； 2.掌握跨文化交际技巧，能有效解决跨文化交际中遇到的问题
反思力	能进行教育研究，具有教学反思能力

第二节　汉语国际教育硕士研究生专业实践能力的现状调查分析

为全面了解安阳师范学院汉语国际教育专业硕士研究生的专业实践能力的现状，本节通过构建汉语国际教育硕士研究生专业实践能力框架，从实践动机、一般实践能力、专业实践能力和情境实践能力四个方面分析安阳师范学院汉语国际教育专业硕士研究生的专业实践能力。

一、实践动机调查分析

汉语国际教育硕士研究生专业实践能力的实践动机包括实践内生动机与实践外生动机两个二级维度，本节主要通过安阳师范学院汉语国际教育专业被调查者对实践动机这一维度自评的结果，分析其定量数据的整体情况。

（一）实践内生动机

实践内生动机指实践者从自己身上获得鼓舞而参与实践的倾向。表6-5中关于实践内生动机的题目设置是基于已构建的汉语国际教育硕士研究生专业实践能力框架，根据本书上位研究中对实践内生动机的定义，即"兴趣"或"热衷"，同时参照《国际汉语教师标准》中实践内生动机的3条具体标准，具体参照标准见附录，最后形成了如表6-5所示的关于实践内生动机的量表来进行考察。

表6-5 实践内生动机基础指标（量表）

题目	样本量	最小值	最大值	平均值	标准差	总平均值
1.我愿意用开放包容的态度对待学生母语文化及其国家的社会现实	86	1.000	5.000	4.419	0.860	
2.我能公平地对待每一位学习者	86	1.000	5.000	4.244	1.017	4.174
3.我热爱汉语国际教育事业，并且对其有浓厚的兴趣	86	1.000	5.000	3.860	1.031	

通过表6-5可知，实践内生动机各个维度数据中没有异常值出现，实践内生动机总平均值为4.174。从整体的调查结论中可以反映出，安阳师范学院汉语国际教育专业硕士研究生对自己的实践内生动机的评价较高，对其专业的兴趣和热衷程度较高，能遵守学校的规章制度并可以在教学中公平地对待每一位学习者，愿意用开放包容的态度对待学生母语文化及其国家的社会现实。相比较而言，第3题的平均值明显是最低的，反映出被调查者对汉语国际教育事业的热爱程度稍显逊色。

（二）实践外生动机

初任教师想成为卓越优秀的教师，就要在职业生涯里不仅追求教学的完美，也要有强烈而持久的职业发展动机。表6-6中关于实践外生动机的题目设置基于汉语国际教育硕士研究生专业实践能力框架，根据本书上位研究中对实践外生动机的定义，即"实践压力"和"实践外部回报"。同时参照《国际汉语教师标准》中实践外生动机的3条标准，即了解相关学术动态与研究成果，参与学术交流等标准，具体参照标准见附录，最后形成了如表6-6所示的关于实践外生动机的量表来进行考察。

表6-6　实践外生动机基础指标（量表）

名称	样本量	最小值	最大值	平均值	标准差	总平均值
1. 我经常为了提高自己的教学能力而参加专题讲座或学生会议	86	1.000	5.000	3.558	1.001	
2. 我能应对在教学、社会和家庭各种环境下出现的挑战	86	1.000	5.000	3.953	1.005	3.938
3. 我愿意认识并理解汉语国际教育的职业价值，树立并维护职业信誉	86	1.000	5.000	4.302	0.959	

通过表6-6可知，实践外生动机各个维度数据中没有异常值出现，总平均值接近4分。从整体的调查结论中可以反映出，安阳师范学院汉语国际教育专业硕士研究生对实践外生动机的自评较高，被调查者对本专业的职业价值和信誉有一定追求，认为自己可以应对教学中的困难和各种环境下出现的挑战，然而由表6-6可知，第1题平均值明显低于其他选项，反映出被调查者参加专题讲座或学生会议的频率较低，或者认为这些讲座会议与自己的教学能力提升关系较小。

二、一般实践能力调查分析

沟通能力、人际交往、团队合作是汉语国际教育硕士一般实践能力的3个维度，指应具备适应各种实践场景的相同能力基础。实践过程的主要环节就是人与人沟通的各个环节，并且贯穿实践活动的全部过程，该能力的培养是处理人与人之间信息交流和情感交流的基础。

（一）沟通能力

沟通能力依托人们信息的共享与协作，是任何岗位都需要的能力。表6-7中关于沟通能力的题目设置是基于本书构建的汉语国际教育硕士研究生专业实践能力框架，根据本书上位研究中对沟通能力的释义，即

"交际、表达或倾听等非言语信息的获得"，同时参照《国际汉语教师标准》中沟通能力的3条标准，具体参照标准可见附录，最后形成了如表6-7所示的关于沟通能力的量表来进行考察。

表6-7 沟通能力基础指标（量表）

名称	样本量	最小值	最大值	平均值	标准差	总平均值
1. 我能用较为纯正的普通话以正常语速进行口语交际	86	1.000	5.000	4.291	0.944	
2. 我的书面表达能力能满足日常教学的基本要求	86	1.000	5.000	4.198	0.968	
3. 我能准确合适地介绍教学中涉及的中国历史、哲学、文学、艺术等中华文化知识	86	1.000	5.000	3.674	0.846	3.945
4. 我能准确合适地介绍教学中涉及的中国社会、政治、经济、科技、教育等国情知识	86	1.000	5.000	3.616	0.856	

由表6-7可知，沟通能力的各个维度数据中没有异常值出现，总平均值为3.945分。从整体的调查结论中可以反映出，安阳师范学院汉语国际教育专业硕士研究生通过自评认为自己比较符合沟通能力的要求，表现在被调查者对普通话的口语交际和书面表达是有能力和有信心的，但是第3题和第4题平均值稍低，反映出当沟通涉及中国历史、哲学、经济、科技或教育等方面时，被调查者的沟通能力会稍显不足。

（二）人际交往

教师也在人际交往中发展，因为教育涉及学生、同事、上级和家长等各个方面的关系，所以只懂得教学还不足以保证一个新手教师成为一个合格的教师。表6-8中关于人际交往的题目设置是基于已构建的汉语国际教育硕士研究生专业实践能力框架，根据本书上位研究中对人际交往的定义，即与领导、老师、同学、同事、客户间关系的把握，同时参照《国际汉语教师标准》中人际交往的 2 条标准，即了解跨文化交际的基本原则和策略等标准，具体可参照附录，最后形成了如表6-8所示的关于人际交往的量表来进行测评。

表6-8　人际交往基础指标（量表）

名称	样本量	最小值	最大值	平均值	标准差	总平均值
1. 我的外语能力符合日常教学的基本要求，能熟练掌握课堂用语，能用外语辅助教学	86	1.000	5.000	3.384	0.948	3.680
2. 我能流利地使用一种或多种外语进行教学和交流	86	1.000	5.000	3.430	0.927	
3. 我熟悉和了解跨文化交际的技巧，知道怎么与外国学生交往	86	1.000	5.000	3.860	0.870	
4. 我了解跨文化交际的基本原则和策略	86	1.000	5.000	4.047	4.047	

表6-8显示，人际交往能力的各个维度数据中没有异常值出现，总平均值为3.680分。从整体的调查结论中可以反映出，安阳师范学院汉语国际教育专业硕士研究生的人际交往能力整体较好，表现在被调查者认为自己熟悉跨文化交际的基本原则和策略以及跨文化交际的技巧，知道怎么与外国学生交往，但是第1题和第2题得分平均值相对较低，反映出被调查者的外语交际能力和用外语辅助教学的能力一般，需要提升用外语进行教学和交流的能力。

（三）团队合作

团队合作能力是指作为个人与团队相互协作，为实现共同的目标而各尽其力，教师是否具有合作精神不仅体现在其自身拥有的合作精神上，更应该体现在其是否能与学生、家长或者同事建立一个良好的合作氛围。表 6-9 中关于团队合作题目的设置是基于已构建的汉语国际教育硕士研究生专业实践能力框架，根据本书上位研究中对团队合作能力构成维度的定义，即"是否具有合作意识与精神"，同时参照《国际汉语教师标准》中团队合作的标准，即具有合作精神，最后形成了如表 6-9 所示的关于团队合作的量表来进行考察。

表 6-9　团队合作基础指标（量表）

名称	样本量	最小值	最大值	平均值	标准差
我具有团队协作精神，能和同事、家长、学生团结合作，出现问题及时沟通	86	1.000	5.000	3.988	0.847

由表 6-9 可知，被调查的学生对自己团队协作精神及与同事、家长、学生团结合作的方面评价平均值接近 4 分。由此可知，大部分安阳师范学院汉语国际教育专业的硕士研究生认为自己具有团结合作精神，可以做好与同事、家长和学生的团结工作，具有较好的合作能力。

三、专业实践能力调查分析

汉语国际教育专业硕士研究生的专业实践能力包括自学能力、专业知识与专业技能、匹配分析力。专业实践能力是解决某一领域的专业问题时对专业知识和技能要求的总称，汉语国际教育专业硕士研究生的专业实践能力即为解决汉语作为第二语言教育这一领域的专业问题的能力。

（一）自学能力

自学能力，是指汉语国际教育专业硕士个人因兴趣或其专业的需求而主动学习新知识的一种能力。表 6-10 中关于自学能力的题目是基于已构建的汉语国际教育硕士研究生专业实践能力框架，根据本书上位研究中对自学构成维度的定义，即主动获得、整理和吸收新知识的能力，同时参照《国际汉语教师标准》中自学能力的三条标准，即了解现代教育技术、能自觉比较中外文化的主要异同等标准，具体参照标准见附录，最后形成了如表 6-10 所示的关于自学能力的量表来进行考察。

表 6-10　自学能力基础指标（量表）

名称	样本量	最小值	最大值	平均值	标准差	总平均值
1.除课堂学习外，能够自主地通过网络、书籍等资源检索、采集、选择教学资源	86	1.000	5.000	4.000	0.854	4.031
2.我能自觉比较中外文化的主要异同，并应用于教学实践	86	1.000	5.000	4.023	0.811	
3.我了解中国的基本国情，会主动去学习和关心中国当代热点问题	86	1.000	5.000	4.070	0.732	

表 6-10 显示，自学能力的各个维度数据中没有异常值出现，总平均值为 4.031 分。从整体的调查结论中可以反映出，安阳师范学院汉语国际教育专业硕士研究生的自学能力较好，大部分能自主地通过网络或书籍等资源检索、采集和选择教学资源，也表现出会主动去了解本国国情及关心中国当代热点问题的特点。

（二）专业知识

汉语国际教育硕士专业学位的培养目标就是国际汉语教师，所以该专业硕士研究生的专业知识必须过硬。专业知识水平的高低表明了被调查对象对此专业实践领域的问题及特点的了解程度，专业知识可以回答汉语教学"教什么""怎样教"等问题。表 6-11 中关于专业知识的题目设置以本书构建的汉语国际教育硕士研究生专业实践能力框架为基础，根据本书上位研究中对这一维度的定义，同时参照《国际汉语教师标准》中专业知识的 14 条标准，具体参照标准见附录，最后形成了如表 6-11 所示的关于专业知识的量表来进行考察。

表6-11 专业知识基础指标（量表）

名称	样本量	最小值	最大值	平均值	标准差	总平均值
1. 我学习过并掌握汉语语言学的知识	86	1.000	5.000	3.977	0.854	
2. 我具备基本的汉语语音、词汇、语法和汉字分析能力	86	1.000	5.000	3.977	0.782	
3. 我了解现代教育技术及对汉语教学的作用与重要性	86	2.000	5.000	3.977	0.668	
4. 我已掌握汉语语音、词汇、语法的基础知识	86	1.000	5.000	3.965	0.789	
5. 我能够描述、分析和解释中文语音、词汇、语法的特点	86	1.000	5.000	3.907	0.792	
6. 我能掌握汉语语音、词汇、语法、汉字的基本教学原则和方法及听、说、读、写的基本教学原则和教学技巧	86	2.000	5.000	3.895	0.783	
7. 我了解母语在第二语言学习过程中的影响和作用	86	2.000	5.000	3.860	0.769	
8. 我能理解和掌握汉语教学的一般原则和基本概念	86	2.000	5.000	3.849	0.760	
9. 我了解母语学习与第二语言学习的异同	86	2.000	5.000	3.837	0.780	3.819
10. 我了解汉语技能教学的教学目标与基本原则	86	2.000	5.000	3.826	0.785	
11. 我了解课堂教学任务与活动的主要类型及特点	86	2.000	5.000	3.826	0.672	
12. 我了解并能解释影响语言正负迁移的各种因素，能分析和解释学习者在汉语学习过程中的语言迁移现象	86	1.000	5.000	3.767	0.821	
13. 我了解第二语言习得研究的对象、总体框架及主要组成部分	86	1.000	5.000	3.744	0.785	
14. 我了解课外活动的形式、特点和作用	86	2.000	5.000	3.733	0.693	
15. 我熟悉有关汉语教学标准和大纲	86	2.000	5.000	3.721	0.777	
16. 我了解测试与评估的基本知识和基本方法	86	2.000	5.000	3.686	0.724	
17. 我了解对比分析假说、中介语假说、输入假说等理论	86	2.000	5.000	3.640	0.810	
18. 我了解世界主要文化的特点	86	2.000	5.000	3.558	0.696	

表 6-11 显示，专业知识的各个维度总平均值为 3.819 分。由此可知，安阳师范学院汉语国际教育硕士研究生对专业知识的自我评价总体较高。从整体的调查结论中可以反映出，被调查者对汉语语言学方面的知识自评分较高，自评结果反映了大部分被调查者具备汉语语音、词汇、语法和汉字的基本知识和分析能力，能够分析和解释中文语音、词汇、语法的特点和基本教学原则和方法。

此外，86 名被调查的汉语国际教育硕士研究生认为自己了解教学过程中汉语技能、课型、教学目标、第二语言习得、课外活动的形式，对汉语教学的标准和大纲的了解程度都比较高。然而，关于测试与评估、对比分析假说、中介语假说、输入假说等理论及世界主要文化的特点的了解程度的分值相对较低。

（三）专业技能

优秀的汉语国际教师的专业技能就是其具备的教学技能，通过不断实践将专业技能上升为教学技巧，专业技能体现了专业知识运用的自动化，汉语国际教育硕士研究生的专业技能是区别专业与非专业的重要标准。表 6-12 中关于专业技能的题目设置以本研究构建的汉语国际教育硕士研究生的专业实践能力框架为基础，根据本书上位研究中对专业技能这一维度的定义，包括基本技能、前沿技能，同时参照《国际汉语教师标准》中专业技能的 12 条标准，具体参照标准见附录，最后形成了如表 6-12 所示的关于专业技能的量表来进行考察。

表 6-12　专业技能基础指标（量表）

名称	样本量	最小值	最大值	平均值	标准差	总平均值
1. 我会使用常用的信息化教学设施和技术，具备设计、制作课件等教学资源的能力	86	2.000	5.000	3.977	0.811	
2. 我能合理选用或制作必要的教具	86	2.000	5.000	3.907	0.849	
3. 我能运用现代教育技术	86	2.000	5.000	3.895	0.812	
4. 我能正确、合理地解释课堂测验成绩	86	2.000	5.000	3.884	0.758	
5. 我能在学生的学习过程中营造并保持积极的学习氛围，能设计有意义的任务和小组活动，有效开展教学	86	2.000	5.000	3.872	0.764	
6. 我能按照程序，客观、公平地评定学习者的课堂测验成绩并评估学习者的进步情况	86	2.000	5.000	3.849	0.819	
7. 我能对比并发现汉语与其他语言之间的异同	86	2.000	5.000	3.837	0.780	
8. 我能分析、鉴别并改进试卷、试题以及评估项目的质量	86	2.000	5.000	3.826	0.814	
9. 我能根据学习者不同的学习目的、言语水平及不同的教学环境设计课程并制订教学计划	86	2.000	5.000	3.814	0.819	3.790
10. 我能帮助学习者了解汉语语音特点，培养学习者的听辨和发音能力	86	2.000	5.000	3.791	0.842	
11. 我能将文化阐释和传播与语言教学有机结合	86	2.000	5.000	3.779	0.817	
12. 我在设计课程大纲时能考虑到学习者的认知、技能、情感和学习策略等方面的因素，制定切实可行的教学目标	86	2.000	5.000	3.767	0.777	
13. 我能帮助学习者了解中文词汇的特点，培养学习者词汇运用能力和学习策略	86	2.000	5.000	3.756	0.853	
14. 我能在不同的文化氛围下有效地开展语言教学	86	2.000	5.000	3.756	0.839	
15. 我能妥善处理教材与辅助材料的关系，并能将二者有机结合，以取得最佳的教学效果	86	2.000	5.000	3.721	0.807	

续表

名称	样本量	最小值	最大值	平均值	标准差	总平均值
16. 我能运用偏误分析的理论具体分析学习者在汉语学习过程中出现的偏误	86	2.000	5.000	3.605	0.844	3.790
17. 我熟悉常用的汉语教材如《汉语教科书》《外国人学汉语》等	86	1.000	5.000	3.395	0.961	

　　表 6-12 显示，专业技能的各个维度数据中没有异常值出现，总平均值为 3.790 分。由此可知，安阳师范学院汉语国际教育专业硕士研究生对专业技能的自我评价总体较高。从整体的调查结论中可以反映出，安阳师范学院汉语国际教育专业硕士研究生认为自己可以很好地运用现代教育技术，能合理选择、加工和使用汉语教材及合理选用或制作必要的教具，同时能掌握一定的汉语听、说、读、写教学的方法与组织课内外活动的基本方法和程序，能对测试与评估的结果进行有效的分析和应用，并且能将文化阐释和传播与语言教学有机结合。但是在中外语言对比、制订教学计划、编写教案、文化与语言教学结合的方面得分相对其他题目较低，对汉语教材熟悉程度得分最低，为 3.395 分。

（四）匹配分析力

　　匹配分析力体现在通过分析较为学术化的科学研究与实务部门的实际需要之间的区别与联系，从而应用科学研究解决实际问题的分析能力。被调查的汉语国际教育专业硕士研究生应具备用学术研究解决实际问题的能力。表 6-13 中关于匹配分析力的题目设置以构建的汉语国际教育硕士研究生的专业实践能力框架为基础，除参照本书上位研究中对匹配分析力这一维度的定义外，还参照《国际汉语教师标准》中匹配分析力的 9条标准，具体参照标准见附录，最后形成了如表 6-13 所示的关于匹配分析的量表来进行考察。

表6-13　匹配分析力基础指标（量表）

名称	样本量	最小值	最大值	平均值	标准差	总平均值
1. 我能根据教学需要利用各类教学资源制作、补充教学材料	86	1.000	5.000	3.860	0.883	
2. 我具有将理论知识与汉语教学实践相结合的意识和能力	86	2.000	5.000	3.849	0.728	
3. 我能根据不同的教学对象和教学目标进行教学，培养学习者的汉语综合运用能力	86	2.000	5.000	3.814	0.728	
4. 我能根据学习者的特点，设计、组织教学活动	86	2.000	5.000	3.814	0.805	
5. 我可以根据学习者的需要并且根据教学要求编写教案	86	2.000	5.000	3.802	0.749	3.780
6. 我能采用适当的策略和技巧实施有效的课堂管理	86	2.000	5.000	3.779	0.803	
7. 我能创建有利于汉语教学的课堂环境与氛围	86	2.000	5.000	3.767	0.836	
8. 我能根据不同的教学对象采用适当的教学方法	86	2.000	5.000	3.733	0.832	
9. 我能通过文化产品、文化习俗说明其中蕴含的价值观念、思维方式、交际规约、行为方式	86	2.000	5.000	3.721	0.821	
10. 我能根据不同的教学目的选用或设计合适的测试与评估工具	86	2.000	5.000	3.663	0.835	

　　表6-13显示，匹配分析力的各个维度数据中没有异常值出现，总平均值为3.780分。由此可知，安阳师范学院汉语国际教育硕士研究生对匹配分析力的自我评价总体较高。从整体的调查结论中可以反映出，安阳师范学院汉语国际教育专业硕士研究生认为自己可以应对各类教学对象并进行教学，也能依据学习者的特点设计并组织相关教学活动，从而营造有利于汉语教学的氛围，并能选用适合的教学方法。匹配分析力自评结果从侧面可以看出被调查者能利用各类资源满足教学要求。然而，被

调查对象在根据不同的教学目的选用或设计合适的测试与评估工具上稍显逊色，在说明文化产品深刻价值观念等方面较弱，与上节专业技能中打分较低的几项吻合，都在测试评估和文化阐释方面得分略低。

四、情境实践能力调查分析

汉语国际教育专业硕士研究生的情境实践能力包括 3 个维度，具体是指学生通过分析自己的条件和实践中的问题，作出课堂教学等相关问题的规划，同时在实践活动中具有反思和反应的能力。

（一）统筹规划力

关于对教师能力的其他研究中也提到过"当代教师在面对教育变革风险时需要具备筹划聚力态势的能力"[①]。汉语国际教育专业的学生或者未来的国际汉语教师对学生、课堂、教学等资源进行整体性合理的组织和把握是关键。

表 6-14 中关于统筹规划力的题目设置是以本书构建的汉语国际教育硕士研究生专业实践能力框架为基础，根据本书上位研究中对统筹规划力这一维度的定义，即"科学研究与实务、部门的实际需要之间的区别与联系"，同时参照《国际汉语教师标准》中统筹规划力的 2 条标准，具体参照见附录，最后形成了如表 6-14 所示的关于统筹规划力的量表来进行考察。

表6-14　统筹规划力基础指标（量表）

名称	样本量	最小值	最大值	平均值	标准差	总平均值
1. 针对教学需要或课堂突发情况，我能灵活利用各类教学资源制作、补充教学材料	86	2.000	5.000	3.814	0.805	3.803
2. 我可以设计教学任务和组织各类教学活动	86	2.000	5.000	3.791	0.842	

---

① 余清臣 . 当代教育变革风险中的教师应变力：源自《孙子兵法》"形""势"思想的启发 [J]. 教育科学研究，2021（5）：12-17，23.

表 6-14 显示，统筹规划力的各个维度数据中没有异常值出现，总平均值为 3.803 分。由此可知，汉语国际教育专业硕士研究生对统筹规划能力的自我评价总体较高。从整体的调查结论中可以反映出，安阳师范学院汉语国际教育专业硕士研究生认为自己能够针对学习者的需要对突发情况进行灵活处理，补充汉语课堂的教学资源并组织各类教学活动。

（二）应变力

在教学过程中，教师与学生有情感沟通，也有思想交流，更存在教师与学习者间与外界环境的相互作用，因此对教师教学应变力的要求是很高的。[1] 汉语教师在跨文化背景下的应变力，是指教师在跨文化的背景下进行教学时，要根据教学环境、教学对象等多种因素去顺应文化差异以顺利完成跨文化的语言教学。

表 6-15 中关于应变力的题目设置是以本书构建的汉语国际教育硕士研究生专业实践能力框架为基础，根据本书上位研究中对应变力这一维度的定义，即"随机问题、突发状况、根据需求做出反应"，同时参照《国际汉语教师标准》中应变为的 2 条标准，即能根据教学需要利用各类教学资源制作、补充教学材料等标准，具体可参照附录，最后形成了如表 6-15 所示的关于应变力的量表来进行考察。

表 6-15　应变力基础指标（量表）

名称	样本量	最小值	最大值	平均值	标准差	总平均值
1.我能有效解决跨文化交际中遇到的问题	86	2.000	5.000	3.802	0.794	3.775
2.课堂上学习者如发生冲突或矛盾，我可以用合理的方式解决	86	2.000	5.000	3.779	0.803	
3.我能够帮助学习者克服语言学习过程中的文化差异	86	2.000	5.000	3.744	0.785	

---

① 徐坤才.论课堂教学的应变力[J].科普童话，2015（46）：11.

表 6-15 显示，应变力的各个维度总平均值为 3.775 分。由此可知，安阳师范学院汉语国际教育专业硕士研究生对统筹规划能力的自我评价总体良好。从整体的调查结论中可以反映出，安阳师范学院汉语国际教育专业硕士研究生认为自己能有效解决跨文化交际的问题，对课堂上学习者发生的冲突或矛盾可以用合理的方式解决，能够帮助学习者解决在语言学习过程中出现的跨文化交际或课堂失误等问题。

（三）反思力

教学反思有助于生成和丰富汉语教师的实践性知识，有助于确立汉语国际教育信念和职业道德观。表 6-16 中关于反思力的题目设置是以本书构建的汉语国际教育硕士研究生专业实践能力框架为基础，根据本书上位研究中对反思力这一维度的定义，即指个人在实践活动中受情境或他人等因素的刺激而对经验的总结，同时参照《国际汉语教师标准》中反思力的标准，即"能进行教育研究，具有教学反思能力"，最后形成了如表 6-16 所示的关于反思力的量表来进行考察。

表 6-16　反思力基础指标（量表）

名称	样本量	最小值	最大值	平均值	标准差	总平均值
1. 我会定时撰写反思日志	86	1.000	5.000	3.256	0.984	3.759
2. 我可以通过观摩同行、与同行交流来进行自我教学与学习的反思与评估	86	2.000	5.000	3.895	0.841	
3. 我具备反思意识，并将反思结果运用于实践	86	2.000	5.000	3.942	0.886	
4. 我可以通过分析学习者学习成效进行反思与自我评估	86	2.000	5.000	3.942	0.831	

表 6-16 显示，反思力的各个维度数据中没有异常值出现，总平均值为 3.759 分。由此可知，安阳师范学院汉语国际教育专业硕士研究生对反思力的自我评价总体良好。从整体的调查结论中可以反映出，安阳师范

学院汉语国际教育专业硕士研究生普遍认为自己可以通过观摩同行、与同行交流来进行自我教学及学习的反思与评估，并具备反思意识，进而可以把反思结果运用于实践，也可以通过分析学习者学习成效进行反思与自我评估。然而，在定时撰写反思日志这一指标下平均值相对较低，为 3.256 分，被调查者需要提升撰写反思日志的能力。

第三节　汉语国际教育硕士研究生专业实践能力的培养策略建议

一、汉语国际教育硕士研究生专业实践能力的培养路径调查

（一）课程设置与汉语国际教育硕士研究生专业实践能力培养

安阳师范学院汉语国际教育硕士研究生专业课程设置已在第四章中进行了分析，包括公共学位课程、核心课程、拓展课程、训练课程、学位预备课程等，共计 22 门课程。其中，公共学位课程 2 门，包括政治、外语（英语）；核心课程 5 门，包括汉语作为第二语言教学、第二语言习得导论、中华文化与传播、跨文化交际、汉语课堂教学案例；拓展课程 7 门，包括语音与语音教学、汉语教材分析与编写、汉语教学案例分析、汉字与文化等；训练课程 5 门，包括班主任工作、课堂观察与实践等；预备课程 3 门，包括中国古代文学、语言学概论等。

在课程设置部分的问卷中主要采用多选矩阵的方式研究汉语国际教育专业各个课程与专业实践能力 4 个维度的关系和影响。矩阵多选题是将同一类的多个问题和答案组织成 1 个矩阵，适用于进行多变量分析、研究被调查选项的特性及其关联因素等方面。

为了结合不同课程探究专业实践能力不同维度反映出的问题，以及方便被试者对题项的理解，题项没有直接将各个课程对应各维度专业名称，而是将它们各自代表性的行为特征或子维度名称作为相应题项的名称，即描述实践动机的行为特征为专业兴趣或寻求专业发展的愿望；描述一般实践能力的行为特征为沟通能力、人际交往和团队合作；描述专业实践能力的行为特征为自学能力、专业知识与专业技能；描述情境实践能力的行为特征为统筹规划力、应变力与反思力。研究方法为多重响应检验，对各个课程类型包含的具体课程做响应率和普及率的检验。

1. 公共课程与汉语国际教育硕士研究生专业实践能力培养

公共课程以政治和外语（英语）为例，通过多重响应的方法研究这 2 门课程对汉语国际教育硕士研究生专业实践能力中 4 个维度能力的培养效果，如表 6-17 所示。

表 6-17　公共课程汇总

课程名称（题项）	响应		普及率 /%
	n	响应率 /%	（n=86）
政治（统筹规划力、应变力、反思力）	11	3.90	12.79
政治（自学能力、专业知识、专业技能）	61	21.63	70.93
政治（沟通能力、人际交往、团队合作）	39	13.83	45.35
政治（专业兴趣或寻求专业发展的愿望）	27	9.57	31.40
外语（英语）（统筹规划力、应变力、反思力）	13	4.61	15.12
外语（英语）（自学能力、专业知识、专业技能）	51	18.09	59.30
外语（英语）（沟通能力、人际交往、团队合作）	51	18.09	59.30
外语（英语）（专业兴趣或寻求专业发展的愿望）	29	10.28	33.72
汇总	282	100	327.91

如表 6-17 所示，各项的选择比例具有差异性，具体内容如下。

①政治课在专业实践能力维度的响应率和普及率较高，具体数值分别为 21.63%、70.93%。

②外语（英语）课在专业实践能力维度的响应率和普及率较高，外

语（英语）在一般实践能力的响应率和普及率也明显较高，具体数值分别为 18.09%、59.30%。

由此说明，多数被调查者认为政治课对专业实践能力的培养有一定的效果，表现为对自学能力和专业知识与技能的提升。外语（英语）对专业实践能力的培养也有一定的效果，表现为对自学能力、专业知识、专业技能和沟通能力、人际交往、团队合作能力的提升。

2. 核心课程与汉语国际教育硕士研究生专业实践能力的培养

核心课程如表 6-18 所示，通过多重响应的方法研究以下 5 门课程对汉语国际教育硕士研究生专业实践能力中 4 个维度能力的培养效果。

表 6-18　核心课程汇总

课程名称（题项）	响应		普及率 /%
	n	响应率 /%	（n=86）
汉语作为第二语言教学（统筹规划力、应变力、反思力）	27	3.16	31.40
汉语作为第二语言教学（自学能力、专业知识、专业技能）	54	6.32	62.79
汉语作为第二语言教学（沟通能力、人际交往、团队合作）	46	5.39	53.49
汉语作为第二语言教学（专业兴趣或寻求专业发展的愿望）	37	4.33	43.02
第二语言习得导论（统筹规划力、应变力、反思力）	27	3.16	31.40
第二语言习得导论（自学能力、专业知识、专业技能）	61	7.14	70.93
第二语言习得导论（沟通能力、人际交往、团队合作）	47	5.50	54.65
第二语言习得导论（专业兴趣或寻求专业发展的愿望）	32	3.75	37.21
中华文化传播（统筹规划力、应变力、反思力）	26	3.04	30.23
中华文化传播（自学能力、专业知识、专业技能）	55	6.44	63.95
中华文化传播（沟通能力、人际交往、团队合作）	42	4.92	48.84
中华文化传播（专业兴趣或寻求专业发展的愿望）	48	5.62	55.81
跨文化交际（统筹规划力、应变力、反思力）	28	3.28	32.56
跨文化交际（自学能力、专业知识、专业技能）	49	5.74	56.98
跨文化交际（沟通能力、人际交往、团队合作）	63	7.38	73.26
跨文化交际（专业兴趣或寻求专业发展的愿望）	45	5.27	52.33

续表

课程名称（题项）	响应		普及率/%
	n	响应率/%	（n=86）
汉语课堂教学案例（统筹规划力、应变力、反思力）	35	4.10	40.70
汉语课堂教学案例（自学能力、专业知识、专业技能）	47	5.50	54.65
汉语课堂教学案例（沟通能力、人际交往、团队合作）	53	6.21	61.63
汉语课堂教学案例（专业兴趣或寻求专业发展的愿望）	32	3.75	37.21
汇总	854	100	993.04

由表6-18可知，各项选择的比例具有差异性，具体内容如下。

①汉语作为第二语言教学课在专业实践能力维度上的响应率和普及率较高，具体数值分别为6.32%、62.79%，说明本课对被调查者的自学能力、专业知识、专业技能产生了影响或提升。

②第二语言习得导论课在专业实践能力维度上的响应率和普及率较高，具体数值分别为7.14%、70.93%，说明本课对被调查者的自学能力、专业知识、专业技能产生了影响或提升。

③中华文化传播课在实践动机维度和专业实践能力维度上的响应率和普及率较高，专业实践能力维度具体数值分别为6.44%、63.95%，说明本课对被调查者的自学能力、专业知识、专业技能产生了影响或提升；实践动机维度具体数值分别为5.62%、55.81%，说明本课对被调查者的专业兴趣或寻求专业发展的愿望产生了影响或提升。

④跨文化交际课在一般实践能力维度和专业实践能力维度上的响应率和普及率较高，一般实践能力维度具体数值分别为7.38%、73.26%，说明本课对被调查者的沟通能力、人际交往和团队合作产生了影响或提升；专业实践能力维度具体数值分别为5.74%、56.98%，说明本课对被调查者的自学能力、专业知识、专业技能产生了影响或提升。

⑤汉语课堂教学案例课在一般实践能力维度上的响应率和普及率较高，具体数值分别为6.21%、61.63%，说明本课对被调查者的沟通能力、人际交往和团队合作产生了影响或提升。

3. 拓展课程与汉语国际教育硕士研究生专业实践能力培养

拓展课程以语言与语言教学、汉外语言对比、汉语教材分析与编写、汉语国际推广专题、教育学、汉字与文化、礼仪与国际关系 7 门课程为例，通过多重响应的方法研究以下 7 门课程对汉语国际教育硕士专业实践能力中 4 个维度能力的培养效果，如表 6-19 所示。

表 6-19　拓展课程汇总

课程名称（题项）	响应		普及率 /%
	n	响应率 /%	（n=86）
语言与语言教学（统筹规划力、应变力、反思力）	23	1.96	26.74
语言与语言教学（自学能力、专业知识、专业技能）	62	5.29	72.09
语言与语言教学（沟通能力、人际交往、团队合作）	37	3.15	43.02
语言与语言教学（专业兴趣或寻求专业发展的愿望）	34	2.90	39.53
汉外语言对比（统筹规划力、应变力、反思力）	25	2.13	29.07
汉外语言对比（自学能力、专业知识、专业技能）	54	4.60	62.79
汉外语言对比（沟通能力、人际交往、团队合作）	51	4.35	59.30
汉外语言对比（专业兴趣或寻求专业发展的愿望）	54	4.60	62.79
汉语教材分析与编写（统筹规划力、应变力、反思力）	26	2.21	30.23
汉语教材分析与编写（自学能力、专业知识、专业技能）	68	5.80	79.07
汉语教材分析与编写（沟通能力、人际交往、团队合作）	34	2.90	39.53
汉语教材分析与编写（专业兴趣或寻求专业发展的愿望）	34	2.90	39.53
汉语国际推广专题（统筹规划力、应变力、反思力）	27	2.30	31.40
汉语国际推广专题（自学能力、专业知识、专业技能）	55	4.69	63.95
汉语国际推广专题（沟通能力、人际交往、团队合作）	44	3.75	51.16
汉语国际推广专题（专业兴趣或寻求专业发展的愿望）	51	4.35	59.30
教育学（统筹规划力、应变力、反思力）	32	2.73	37.21
教育学（自学能力、专业知识、专业技能）	58	4.94	67.44
教育学（沟通能力、人际交往、团队合作）	49	4.17	56.98
教育学（专业兴趣或寻求专业发展的愿望）	34	2.90	39.53
汉字与文化（统筹规划力、应变力、反思力）	26	2.22	30.23
汉字与文化（自学能力、专业知识、专业技能）	65	5.54	75.58
汉字与文化（沟通能力、人际交往、团队合作）	29	2.47	33.72

续表

课程名称（题项）	响应		普及率 /%
	n	响应率 /%	（n=86）
汉字与文化（专业兴趣或寻求专业发展的愿望）	34	2.90	39.53
礼仪与国际关系（统筹规划力、应变力、反思力）	20	1.71	23.26
礼仪与国际关系（自学能力、专业知识、专业技能）	38	3.24	44.19
礼仪与国际关系（沟通能力、人际交往、团队合作）	64	5.46	74.42
礼仪与国际关系（专业兴趣或寻求专业发展的愿望）	45	3.84	52.33
汇总	1 173	100	1 363.92

由表 6-19 可知，各项的选择比例具有差异性，具体内容如下。

①语言与语言教学课在专业实践能力维度上的响应率和普及率较高，具体数值分别为 5.29%、72.09%，说明本课对被调查者的自学能力、专业知识、专业技能产生了影响或提升。

②汉外语言对比课在专业实践能力维度和实践动机维度上的响应率与普及率较高，具体数值分别为 4.60%、62.79%。本课在一般实践能力维度的响应率和普及率也高，具体数值分别为 4.35%、59.30%，说明本课不仅对被调查者的自学能力、专业知识、专业技能产生了影响或提升，还在沟通能力、人际交往、团队合作和对专业的兴趣与寻求专业发展的愿望等方面产生了提升或影响。

③汉语教材分析与编写课在专业实践能力维度上的响应率和普及率较高，具体数值分别为 5.80%、79.07%，说明本课对被调查者的自学能力、专业知识、专业技能产生了影响或提升。

④汉语国际推广专题课在专业实践能力维度的响应率和普及率较高，具体数值分别为 4.69%、63.95%，说明本课对被调查者的自学能力、专业知识、专业技能产生了影响或提升。

⑤教育学课在专业实践能力维度和一般实践能力维度上的响应率与普及率较高。专业实践能力维度具体数值分别为 4.94%、67.44%，说明本

课对被调查者的自学能力、专业知识、专业技能产生了影响或提升。一般实践能力维度具体数值分别为4.17%、56.98%，说明本课对被调查者的沟通能力、人际交往和团队合作产生了影响或提升。

⑥汉字与文化课在专业实践能力维度上的响应率和普及率较高，具体数值分别为5.54%、75.58%，说明本课对被调查者的自学能力、专业知识、专业技能产生了影响或提升。

⑦礼仪与国际关系课在一般实践能力维度上的响应率和普及率较高，具体数值分别为5.46%、74.42%，说明本课对被调查者的沟通能力、人际交往和团队合作产生了影响或提升。

4.训练课程与汉语国际教育硕士研究生专业实践能力培养

训练课程包括班主任工作、课堂观察与实践等5门课程，通过多重响应的方法研究以下5门课程对汉语国际教育硕士研究生专业实践能力中4个维度能力的培养效果，如表6-20所示。

表6-20　训练课程汇总

课程名称（题项）	响应		普及率/%
	n	响应率/%	（n=86）
班主任工作（统筹规划力、应变力、反思力）	32	4.00	37.21
班主任工作（自学能力、专业知识、专业技能）	62	7.75	72.09
班主任工作（沟通能力、人际交往、团队合作）	22	2.75	25.58
班主任工作（专业兴趣或寻求专业发展的愿望）	30	3.75	34.88
课堂观察与实践（统筹规划力、应变力、反思力）	38	4.75	44.19
课堂观察与实践（自学能力、专业知识、专业技能）	54	6.75	62.79
课堂观察与实践（沟通能力、人际交往、团队合作）	46	5.75	53.49
课堂观察与实践（专业兴趣或寻求专业发展的愿望）	29	3.62	33.72
教学测试与评估（统筹规划力、应变力、反思力）	34	4.25	39.53
教学测试与评估（自学能力、专业知识、专业技能）	63	7.88	73.26
教学测试与评估（沟通能力、人际交往、团队合作）	44	5.50	51.16
教学测试与评估（专业兴趣或寻求专业发展的愿望）	24	3.00	27.91

续表

课程名称（题项）	响应		普及率 /%
	n	响应率 /%	（n=86）
班级活动设计与组织（统筹规划力、应变力、反思力）	15	1.87	17.44
班级活动设计与组织（自学能力、专业知识、专业技能）	48	6.00	55.81
班级活动设计与组织（沟通能力、人际交往、团队合作）	42	5.25	48.84
班级活动设计与组织（专业兴趣或寻求专业发展的愿望）	56	7.00	65.12
中华才艺与展示（统筹规划力、应变力、反思力）	11	1.38	12.79
中华才艺与展示（自学能力、专业知识、专业技能）	46	5.75	53.49
中华才艺与展示（沟通能力、人际交往、团队合作）	49	6.12	56.98
中华才艺与展示（专业兴趣或寻求专业发展的愿望）	55	6.88	63.95
汇总	800	100	930.23

由表 6-20 可知，各项均具有差异性，具体内容如下。

①班主任工作课在专业实践能力维度上的响应率和普及率较高，具体数值分别为 7.75%、72.09%，说明本课对被调查者的自学能力、专业知识、专业技能产生了影响或提升。

②课堂观察与实践课在专业实践能力维度和一般实践能力维度上的响应率和普及率较高。专业实践能力维度具体数值分别为 6.75%、62.79%，说明本课对被调查者的自学能力、专业知识、专业技能产生了影响或提升。一般实践能力维度具体数值分别为 5.75%、53.49%，说明本课对被调查者的沟通能力、人际交往和团队合作产生了影响或提升。

③教学测试与评估课在专业实践能力维度上的响应率和普及率较高，具体数值分别为 7.88%、73.26%，说明本课对被调查者的自学能力、专业知识、专业技能产生了影响或提升。

④班级活动设计与组织课在实践动机维度和专业实践能力维度上的响应率和普及率较高。实践动机维度具体数值分别为 7.00%、65.12%，说明本课对被调查者的专业兴趣或寻求专业发展的愿望产生了影响或提升；

专业实践能力维度具体数值分别为 6.00%、55.81%，说明本课对被调查者的自学能力、专业知识、专业技能产生了影响或提升。

⑤中华才艺与展示课在实践动机、一般实践能力维度和专业实践能力维度上的响应率和普及率较高。实践动机维度具体数值分别为 6.88%、63.95%，说明本课对被调查者的专业兴趣或寻求专业发展的愿望产生了影响或提升；一般实践能力维度具体数值分别为 6.12%、56.98%，说明本课对被调查者的沟通能力、人际交往和团队合作产生了影响或提升；专业实践能力维度具体数值分别为 5.75%、53.49%，说明本课对被调查者的自学能力、专业知识、专业技能产生了影响或提升。

5.预备课程与汉语国际教育硕士研究生专业实践能力培养

预备课程以中国古代文学和语言学概论为例，通过多重响应的方法研究这 2 门课程对汉语国际教育硕士研究生专业实践能力中 4 个维度能力的培养效果，如 6-21 所示。

表6-21　预备课程汇总

课程名称（题项）	响应		普及率
	n	响应率 %	（n=86）
中国古代文学（统筹规划力 应变力 反思力）	20	7.38%	23.26%
中国古代文学（自学能力 专业知识 专业技能）	11	4.06%	12.79%
中国古代文学（沟通能力 人际交往 团队合作）	37	13.65%	43.02%
中国古代文学（专业兴趣或寻求专业发展的愿望）	46	16.97%	53.49%
语言学概论（统筹规划力 应变力 反思力）	63	23.25%	73.26%
语言学概论（自学能力 专业知识 专业技能）	17	6.27%	19.77%
语言学概论（沟通能力 人际交往 团队合作）	45	16.61%	52.33%
语言学概论（专业兴趣或寻求专业发展的愿望）	32	11.81%	37.21%
汇总	271	100.00%	315.13%

从表 6-21 可知，各项的选择比例具有差异性，具体内容如下。

中国古代文学在提升学生专业实践能力的不同维度上呈现出显著差异。在情境实践能力（统筹规划力、应变力、反思力）方面，该课程响应率为 7.38%，普及率为 23.26%，表明其对学生应对教学场景中的复杂问题有一定帮助，但普及率较低，可能与课程偏重文学知识而非直接实践应用有关。在专业实践能力（自学能力、专业知识与技能）维度，响应率仅 4.06%、普及率 12.79%，反映出学生对课程在直接提升专业技能方面的认可度较低，可能与课程内容的理论性较强有关。而在一般实践能力（沟通能力、人际交往、团队合作）方面，响应率 13.65%、普及率 43.02%，说明课程通过小组讨论、案例分析等互动形式对学生的协作能力培养效果较好。值得注意的是，该课程在实践动机（专业兴趣、职业发展愿望）维度表现突出，响应率 16.97%、普及率 53.49%，显示出文化类课程对学生职业使命感的激发作用显著。

语言学概论的作用主要体现在情境实践能力培养上，其响应率 23.25%、普及率 73.26%，表明学生对语言学理论结合教学案例分析的实践转化能力较为认可，尤其是应变力和反思力的提升效果显著。但在专业实践能力维度（自学能力、专业技能），响应率 6.27%、普及率 19.77%，说明课程的理论抽象性可能导致学生难以直接转化为实践技能。在一般实践能力（沟通与协作）维度，响应率 16.61%、普及率 52.33%，反映出课程通过跨文化交际案例训练对学生实际问题解决能力的促进作用。此外，该课程对实践动机的激发效果（响应率 11.81%、普及率 37.21%）弱于中国古代文学，可能因理论课程与职业愿景的直接关联性不足。

（二）教学实习与专业实践能力培养

汉语国际教育专业硕士研究生的实践实习具有各种形式，大部分为教育实习，实习是培养专业实践能力的核心环节，在实习中的教学或工作场景的现场性、突发性等问题可以激活个体的知识和感悟力。实习是汉语国际教育专业硕士研究生培养中必不可少的一项内容，实习的目的是将所学的专业知识运用于实际，并为汉语国际教育事业积累自己的宝贵经验。实习是人才培养的重要环节，但是每所高校的实习方式都有所不同，存在的优势与问题也各不相同，因此本部分从安阳师范学院汉语国际教育专业硕士研究生的实习情况展开研究。

1. 实习现状

（1）实习类型。如图 6-2 所示，参与问卷调查的 86 名被试者中，实习类型是学校组织并提供实习基地的学生有 42 人，占比 48.84%；自己选择社会实践的学生有 26 人，占比为 30.23%；在本校实习的学生有 18 人，占比为 20.93%。笔者在设立选项之初认为不同的实习方式可能会反映出汉语国际教育硕士研究生专业实践能力各指标的不同方面。

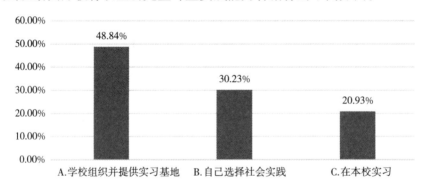

图 6-2　实习类型分布

（2）参加专业实习的原因。如表 6-21 所示，通过分析参加专业实践原因得出，占比最大的是为提升专业知识，将所学与专业技能相匹配；其次是为了提升沟通、人际交往、团队合作能力；再次是为了寻求专业发展机会、学分要求和为提高反思、应变、统筹能力；最后是为了赚钱或其他。根据分析结果可知，汉语国际教育专业硕士研究生参加实践的动机大部分是为了提高自己专业方面的知识和技能，以及提高自己在未来不同岗位上将要面对的人际沟通和团队合作等方面的能力。

表6-22　"实习原因"的响应率和普及率汇总

选项	响应		普及率 /%
	n	响应率 /%	
A. 学分要求	45	16.13	52.33
B. 为寻求专业发展机会	50	17.92	58.14
C. 为提升沟通、人际交往、团队合作能力	54	19.35	62.79
D. 为提升专业知识，将所学与专业技能相匹配	64	22.94	74.42
E. 为提高反思、应变、统筹能力	44	15.77	51.16
F. 为了赚钱或其他	22	7.89	25.58

（3）实习地点与方式。由图6-3可知，通过分析参加专业实践原因得出，占比最大的是学校安排的国内实习，占比为43.02%，其次是自己联系的国内实习，占比为27.91%，再次是国家汉办外派志愿者海外实习，占比为25.58%，占比最小的是校际交流的海外实习和其他（没有实习）。根据分析结果可知，汉语国际教育专业硕士研究生实习方式大部分是学校安排的国内实习，其次是自行实习或海外志愿者实习。

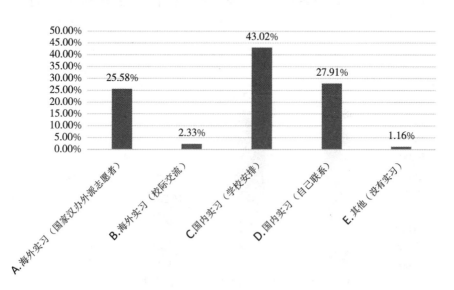

图6-3　实习地点与方式分布

（4）专业实践过程中遇到的困难。由表6-22可知，B、C、E三项的响应率和普及率明显较高，说明在实习过程中学生出现的主要问题表现在学科专业知识、专业技能、规划力、应变力、反思力等方面。

表6-23 "专业实践过程中遇到的困难"响应率和普及率汇总

选项	响应		普及率 /%
	n	响应率 /%	
A. 对实践工作的兴趣不足或者工作压力大	26	15.03	30.23
B. 学科专业知识不足	41	23.70	47.67
C. 专业技能不足	45	26.01	52.33
D. 人际关系处理	19	10.98	22.09
E. 规划力、应变力、反思力不足	34	19.65	39.53
F. 其他	8	4.63	9.30

（5）实习时间分析。如图6-4所示，参与调查的86名被调查者中，认为实习1年合适的有33人，占比为38.37%；认为实习3～6个月合适的有37人，占比为43.02%；认为实习3个月以下的有14人，占比为16.28%；选择其他的人占比为2.33%，具体意见为"希望两个学期交叉进行实习"。由此可知，样本中认为实习3～6个月的人数占比较高。

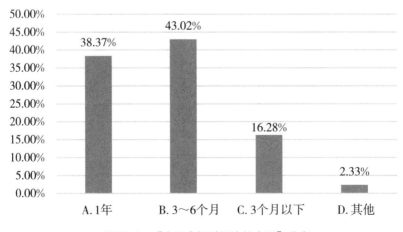

图6-4 "实习多长时间比较合适"分布

（6）专业实践与导师。由表 6-23 可知，主动提供相关信息和传授专业知识和技能这 2 项的响应率与普及率明显较高，说明硕士研究生导师在实习过程中主要起到了主动提供信息与传授专业知识的作用。

表 6-24　"导师在学生实习中起到的作用"响应率和普及率汇总

选项	响应		普及率 /%
	n	响应率 /%	
A. 主动提供相关信息	57	40.72	66.28
B. 传授专业知识和技能	75	53.57	87.21
C. 几乎不过问	7	5.00	8.14
D. 不赞成甚至反对	1	0.71	1.16

2. 实习效果

（1）通过实习需要提高的方面。由表 6-24 可知，各项的差异不明显。具体来看，67.44% 的人希望提高专业基础知识；62.79% 的人希望提高实践教学技巧；61.63% 的人希望提高驾驭课堂能力和人际沟通能力；50.00% 的人希望提高外语能力、现代教育技术应用能力。

表 6-25　"通过实习需要提高的方面"响应率和普及率汇总

选项	响应		普及率 /%
	n	响应率 /%	
A. 专业基础知识	58	27.88	67.44
B. 实践教学技巧	54	25.96	62.79
C. 驾驭课堂能力和人际沟通能力	53	25.48	61.63
D. 外语能力、现代教育技术应用能力	43	20.67	50.00

（2）专业实践效果的测评。关于实践效果的测评调查如图 6-5 所示，在 86 名被调查者中，定期撰写心得体会或总结的有 23 人，占比为 26.74%；定期撰写学习日志或卷案的有 35 人，占比为 40.70%；定期

汇报的有 23 人，占比为 26.74%；选择其他自评方法的有 2 人，占比为 2.33%；无具体意见，选择其他测评方法的有 3 人，占比为 3.49%，具体为"导师要求定期汇报""导师评定"。

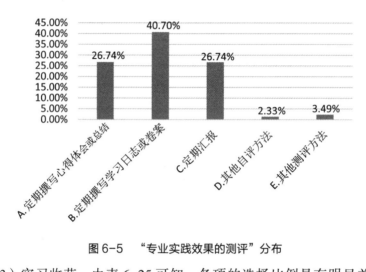

图 6-5 "专业实践效果的测评"分布

（3）实习收获。由表 6-25 可知，各项的选择比例具有明显差异性。教学能力和专业知识增强、人际交往能力提高、适应环境能力提高，这 3 项的响应率较高。具体说明，被调查者通过实习最大的收获是教学能力和专业知识的增强（专业实践能力），响应率为 29.61%；其次是人际交往能力得到了提高，响应率为 25.32%；最后响应率较高的是适应环境能力提高，响应率为 24.04%。

表 6-26 "实习收获"响应率和普及率汇总

选项	响应		普及率 /%
	n	响应率 /%	
A. 教学能力和专业知识增强	69	29.61	80.23
B. 人际交往能力提高	59	25.32	68.60
C. 适应环境能力提高	56	24.04	65.12
D. 组织管理能力提高	46	19.74	53.49
E. 其他	3	1.29	3.49

（4）优秀的汉语国际教育专业教师需要加强的能力。由表 6-26 可知，被调查者认为学好语言学知识、中国传统文化知识及跨文化交际知识，拥有课堂组织与心理素质能力是非常重要的，在团队合作和沟通能力、对外汉语教学法及教学技巧、教材分析与教学案例分析的能力等各个方面都需要加强，尤为重要的是语言学知识，普及率为 84.00%。

表 6-27　"优秀的汉语国际教育专业教师需要加强的能力"响应率和普及率汇总

选项	响应		普及率 /%
	n	响应率 /%	
A. 语言学知识（包括现代汉语、古代汉语、语言学概论）	42	15.85	84.00
B. 汉语标准普通话	24	9.06	48.00
C. 中国传统文化知识及跨文化交际知识	41	15.47	82.00
D. 课堂组织和管理以及课堂应急素质	41	15.47	82.00
E. 良好的心理素质、团队合作和沟通能力	24	9.06	48.00
F. 对外汉语教学法及教学技巧	35	13.21	70.00
G. 加强教材分析及教学案例分析的能力	32	12.07	64.00
H. 统筹规划力和应变力、反思力	26	9.81	52.00

（5）学校开展的专业实践评价情况。由表 6-27 数据中没有异常值出现可以看出，汉语国际教育专业硕士研究生关于学校开展的专业实践的评价情况分值分布在 2～3 分。除对学校海外孔子学院的数量及派出人数上的评价平均值较高之外，其余在对学校提供的校内外实习实践的岗位和机会、导师的帮助与指导、同学们对专业实践的总体满意度方面都相差不大。

表 6-28　学校开展的专业实践评价基础指标

名称	样本量	最小值	最大值	平均值	标准差	中位数
1. 校内外实习实践的岗位和机会	86	1.000	5.000	2.244	0.957	2.000
2. 学校提供或您自己选择专业实践的内容与所学专业学位紧密相关	86	1.000	5.000	2.105	1.085	2.000

续表

名称	样本量	最小值	最大值	平均值	标准差	中位数
3. 专业实践过程中会得到老师及时有效的指导和帮助	86	1.000	5.000	2.023	0.970	2.000
4. 海外孔子学院的数量及派出人数	86	1.000	5.000	2.616	1.108	3.000
5. 您对专业实践的总体满意度	86	1.000	5.000	2.163	0.893	2.000

二、汉语国际教育硕士研究生专业实践能力培养成效

（一）职业道德与专业信念感强

一位合格的汉语国际教育专业学生首先要认清自己的专业定位，努力向国际汉语教师的标准靠拢。然而，想成为一名好教师的前提就是要遵守教师的职业道德，要成为一名合格的汉语教师就要加强自己的专业信念，了解汉语国际教育的专业性与独特性，了解各个国家学习者的权益，并且公平公正地对待海外学习者，同时具有包容开放的态度。

从安阳师范学院汉语国际教育专业硕士研究生的实践动机的调查结论中可以反映出，被调查者反映自己能遵守学校的规章制度并可以在教学中公平地对待每一位学习者，愿意用开放包容的态度对待学生的母语文化与其国家的社会现实，认为自己能应对在教学、社会等不同环境中出现的困难并愿意不断提高自己的心理素质。

与此同时，从本书对课程设置的调查结果中得知，中华文化传播课、汉语外语对比课、礼仪与国际关系课、课堂观察与实践课、班级活动设计与组织课、中华才艺与展示课这5门课程对专业兴趣与专业信念感的影响尤为突出，从另一方面可以反映出中华优秀文化与才艺的学习可以提升被调查者对专业学习的兴趣，同时获得来自中华优秀文化所给予的专业自信。汉语国际教育专业硕士研究生是中华优秀文化必不可少的预备力量，只有对中华文化有自信，对自己所学的专业有信念，才可以更

好地讲好中国故事，更好地传递汉语国际教育专业在新时代的最强音。此外，安阳师范学院其他课程的设置也在帮助学生更好地了解中华文化与其他文化在思维方式、价值观念、文化交际等方面的主要差异。

（二）团队合作与跨文化交际能力突出

当今社会各个领域的竞争都较为激烈，社会的发展必然提高了对团队合作能力的要求，全方位培养汉语国际教育专业硕士团队合作的精神与能力是培养能适应现代社会发展的高素质综合型人才的必然要素。跨文化交际能力是国际汉语教师必须拥有的一项能力，而掌握跨文化交际的相关知识与技能是汉语国际教育硕士培养的一个重要方面，对来自不同国家学习者的不同文化进行了解和比较，能够帮助汉语国际教育专业的学生使用所学的跨文化交际知识与具有不同文化背景的学习者进行交际和教学互动，也能促使本专业学生详细地学习并欣赏中华优秀文化，从而真正培养成为一名合格的汉语国际教育硕士和国际汉语预备教师。

总体来说，安阳师范学院汉语国际教育专业硕士研究生认为自己比较符合团队合作能力与跨文化交际能力的要求，表现在被调查者对普通话的口语交际与书面表达是有能力和有信心的，认为自己熟悉跨文化交际的基本原则和策略及跨文化交际的技巧，知道如何与国外学生交往，并且大部分被调查者认为自己具有团结合作精神，可以做好与教师、家长和学生的团结工作，具有较好的合作能力。同时，从课程设置与专业实习的调查结果中得知，安阳师范学院在培养学生沟通能力、团队合作能力与跨文化交际能力方面是比较成功的。

（三）具备专业能力与自我训练能力

专业实践能力的培养是专业理论知识的不断学习和实践经验的不断积累共同达成的，然而这一过程不能只依赖高校的培养，汉语国际教育专业硕士还需具有自主学习意识，对自身作出要求并进行训练。专业课程与专业技能的训练是培养环节的重中之重，所以汉语国际教育专业的学生想吸收或消化专业知识与教学实习中总结的经验，就需通过自我训练来达成。

从总体上来看，安阳师范学院汉语国际教育专业硕士研究生的专业实践能力较好。例如，大部分被调查者能自主地通过网络或书籍等资源检索、收集和选择教学资源，能自觉地比较中外文化的主要异同并应用于教学实践，也表现出会主动了解本国国情及关心中国当代热点问题；大部分被调查者认为自己具备汉语语音、词汇、语法和汉字的基本知识与分析能力，能够分析和解释中文语音、词汇、语法的特点及基本教学原则和方法，对教学过程中汉语技能、课型、教学目标、第二语言习得、课外活动的形式及汉语教学的标准和大纲的了解程度都比较高。

与此同时，从课程设置与专业实习的调查结果中得知，安阳师范学院在培养学生专业知识、专业技能等方面是有成效的。安阳师范学院汉语国际教育专业为研究生共开设22门课程，从被调查者对课程的反馈得知，共有17门课，即政治课、外语（英语）课、汉语作为第二语言教学课、第二语言习得导论课、中华文化传播课、跨文化交际课、语言与语言教学课、汉外语言对比课、汉语教材分析与编写课、汉语国际推广专题课、教育学课、汉字与文化课、班主任工作课、课堂观察与实践课、教学测试与评估课、班级活动设计与组织课、中华才艺与展示课，这些课程对被调查者的专业技能、专业知识和自学能力的提升有明显的影响。在分析专业实习的收获时得知，80%以上的被调查者认为通过实习最大的收获是教学能力的提升和专业知识储备的增加。

（四）课堂统筹规划与应变能力强

国际汉语教师的课堂教学要求教师善于与留学生交往并组织学习者积极参与学习活动，激发学习者的学习动机，同时要善于组织各式各样的教学活动并管理课堂教学中来自不同文化背景学习者的学习行为与纪律，以及能够反馈和调控课堂，处理偶发事件。

从对安阳师范学院汉语国际教育专业硕士研究生的调查结果得知，被调查对象可以针对教学需要或课堂突发情况灵活利用各类教学资源制作、补充教学材料，并且可以设计教学任务和组织各类教学活动，能有效解决跨文化交际中遇到的问题，对于课堂上学习者发生冲突或矛盾可以用合理的方式解决，能够帮助学习者克服在语言学习过程中由文化的不同和交际的失误而引起的各种困难，可以通过与同行的观摩和交流进行自我教学及学习的反思与评估并具备反思意识，可以把反思结果运用于实践，也可以通过分析学习者的学习成效进行反思与自我评估。

三、汉语国际教育硕士研究生专业实践能力培养策略建议

（一）汉语国际教育专业课程设置的培养建议

1.发挥课程设置在课堂实践性上的优势

专业课程教学是培养汉语国际教育专业硕士人才的主要途径，根据该专业人才培养目标，汉语国际教育专业课程设置应突出实践课程，提高课堂上实践的比重，让学生直观感受在真实课堂中会遇到的一些问题或者一些难以教授的知识点，让学生了解哪种教学方式会更好。结合更多案例讲解的课程不会像专业知识的讲解那么枯燥，会更有实践性和趣味性。因此，教师应尽可能多地设置实践演练的环境并给予学生更多课堂上的实操机会，让学生锻炼将理论知识运用于实践中的能力。

另外，在教学过程中，教师应该充分发挥课程实践育人的效果。

（1）强化课堂中的话题意识，设计真实的跨文化交际任务。在汉语国际教育硕士跨文化交际等相关课堂上，教师可以根据教学内容，围绕"跨文化交际的话题"让学生扮演留学生或扮演汉语教师，给他们一个热点话题去进行相关教学任务的设计，突出学习目标和对该知识点的实际运用。

（2）强化小组合作。小组的合作也是汉语国际教育硕士课堂教学的一个重要表现形式，是汉语国际教育专业知识转化为实操的一个便捷途径。在进行小组合作的时候，教师要把握"任务明确、指导合理和有效控制"的原则，同时进行鼓励和激励式的反馈。

2.优化外语课程设置，转变外语课的教学方法

虽说汉语国际教育的主要内容是教授汉语，但是外语是进行汉语教学的一种必不可少的手段，如果能适当地利用学习者国家的语言或者世界上较为通用的语言开展教学，就可谓是锦上添花了。但是通过相关文献得知，全国各个学校对第二外语课程的划分是不统一的，有的学校将外语课划为选修课，也有的学校将其划为必修课。本研究的研究对象安阳师范学院有一门语种的外语课被纳入了必修范围，对此，笔者认为汉语国际教育专业的外语课程设置可以根据内容的针对性而进一步优化，既要关注授课内容与本校地理位置、发展状况的关联程度，也要重视学生的实际需求。例如，本专业未来教学对象具有其特殊性，学生未来的就业范围可能遍及全国，除英语之外，学校可以在教学资源充足的情况下考虑开设第二外语课程作为学生的选修课，如俄语或日语等课程；也可以加强校内学院与学院之间的合作，如加强与本校外国语学院的合作，交换且共同利用外语学习资源。此外，汉语国际教育专业的外语教学应加强语言的交际，让外语成为汉语教学的辅助工具。笔者发现，被调查者在外语口语表达能力方面表现出焦虑，今后可以把口语表达能力的培养作为重点。同时，教师也可以多创造一些让学生多接触地道外语的机会，课堂上加强口语练习，增强外语的交流与互动。

（二）专业实习方面的培养建议

1.高校尽量提供高质量的实习路径

"一带一路"倡议给予了汉语国际教育事业新的发展道路和机遇，它是我国与他国相互沟通、交流与借鉴的桥梁，也是汉语国际推广的一个

重要契机。高校应该利用好"一带一路"倡议的桥梁作用，牢固树立人类命运共同体意识，为中国文化"走出去"铺好路。安阳师范学院也可以更好地借助其先天的地理位置优势，积极依托汉语国际教育的政策优势、独特的文化优势，突出汉语作为第二语言教学理论的实践。另外，汉语国际教育专业的学生就算把理论知识学得再好，如果缺少对外国人教学的实践训练，培养也是不全面的。根据前面分析的结果，本章调查对象的实习方式大部分是学校安排的国内实习，其次是自行实习或海外志愿者实习。笔者认为，高校可以提供更多的国内实习机会，也要增加学生外派实习的机会。高校可以加强与国内其他拥有一定数量留学生的高校合作，这不仅可以提高学生实习方式和专业的匹配度，也有利于保障学校的专业发展。高校也可以充分利用科技与互联网的优势，鼓励更多的学生通过多种渠道、多类平台进行线上线下相结合的实习。

2.强化实习培训，将反思能力的培养作为侧重点

安阳师范学院可以在原有的基础上争取邀请更多省内外专家教授或者有海外实习经验的学生通过分享会或讲座的形式进行培训，这样不仅利于安阳师范学院汉语国际教育硕士毕业生参加汉办或者孔子学院的招聘，也可以增加他们在实习过程中的经验。同时，导师的作用也是学习和实习过程中非常重要的一方面。学生在实习期间不仅要完成实习单位的工作任务，还要完成毕业论文的撰写及修改任务，这必然要求导师加强对学生实习和论文撰写过程中的督导，督促学生制定科学合理的教学实习方案，督促学生及时提交教案、填写实践教学手册，及时对教学内容进行总结和反思。

教学反思是一种自我认知的方式，汉语国际教育硕士只有在实际教学或专业实习中结合反思才能发挥实习的效果。这便要求高校将反思能力的培养作为研究生培养的重要目标，可以制定系统的反思能力培养方案，同时教师可以在课程教学和案例分析教学时设计多样的反思活动。此外，汉语国际教育硕士不能仅局限于自身的专业知识，应该多扩充其

他专业领域的知识，从学术研究与科研中得到启发，同时要对自己的专业知识与专业技能进行反省、认真思索，这样才有利于自身专业知识的积累和科研能力的提高。

（三）教学与专业知识方面的培养建议

1.增强教学技能和专业知识的实践性与针对性

根据被调查者的反馈可知，在实践实习过程中，学生出现的不足是专业理论与专业技能无法很好地衔接，无法将所学充分运用到教学实践或实习工作中。例如，对于测试与评估的理论知识不足，无法根据不同教学目的选用或设计合适的测试与评估工具；对文化产品和文化习俗中蕴含的深层含义的解释能力不足等。因此，教师应该在教学中加强对学生专业知识的实践性锻炼，也要优化对学生的考查方法，注重对学生教学技能的培养。在汉语基础知识教学方面，教师应当在学生对汉语基本知识教学有一定的理解以后，当堂为他们提供练习和实操的机会，让学生模拟课堂教学，展示语言教学点并指导教法，让其他同学从该学生讲解内容与讲解方式的合理性出发为该学生打分，从而体现出教学上的互帮互助。

在中华才艺课的教学方面，教师应该采用"理论＋实践"的教学方式。中华才艺课的教师应把如何向留学生教授中华文化与中华才艺作为授课的重点，讲授清楚各个国家的留学生在学习中华才艺过程中的重难点，这也是汉语国际教育专业硕士研究生增强教学技能和拓宽专业知识时应该注意的问题。

2."打通"相关专业的学习，多方向进行人才培养

我国于2020年发布了《教育类研究生和公费师范生免试认定中小学教师资格改革实施方案》。汉语国际教育专业硕士研究生也属于该方案中的教育类研究生，从2021年开始，汉语国际教育专业毕业的学生可以免试认定为各类等级的语文教师。该方案的实施对汉语国际教育专业硕士毕业生的就业是一剂"强心针"。

汉语国际教育专业硕士毕业生一直存在对口就业比例小的问题，而《教育类研究生和公费师范生免试认定中小学教师资格改革实施方案》的发布使他们增强了信心，该方案虽然与汉语国际教育硕士专业学位的培养目标不一致，但是非常符合当前的实际情况。本专业毕业生在选择工作单位或者就业时，该方案的实施无疑是对汉语国际教育专业硕士毕业生品德、师德、多项能力与多项专业知识最好的证明。

当汉语国际教育专业硕士毕业生就业后，他们的职业发展与个人成长情况是该方案是否得以落实的重要依据。该方案是解决汉语国际教育专业硕士就业问题的有效手段，同时影响着汉语国际教育专业硕士的职前培养和就职，以及他们就业后的职业成长。

笔者认为，教学与专业知识的培养也应该与汉语国际教育专业硕士的职业方向和就业问题相结合，除培养学生本专业教育学、心理学和汉语作为第二语言教学的能力外，还要加强学生毕业后可能成为教师所需的语文知识的培养，这样可以使汉语国际教育专业硕士有更广阔的就业空间，使他们对本专业和自己的未来更有信心。

参考文献

[1] 何建 . 高校汉语国际教育探索 [M]. 长春：吉林人民出版社，2021.

[2] [越]陈灵芝 . 汉语国际传播视角下的越南高校汉语教学发展研究 [M]. 北京：中央民族大学出版社，2017.

[3] 邢清清 . 孔子学院本土化视角下汉语国际教育专业硕士人才培养研究 [M]. 北京：北京理工大学出版社，2019.

[4] 姜明宝 . 汉语国际教育人才的精细化培养 [M]. 北京：北京语言大学出版社，2018.

[5] 李东伟 . 汉语国际教育硕士人才培养现状与优化研究 [M]. 北京：中央民族大学出版社，2019.

[6] 崔含 . 全日制汉语国际教育专业学位研究生实践能力培养的问题和对策 [J]. 河南广播电视大学学报，2020，33（4）：87-90.

[7] 代瑛 . 地方本科院校汉语国际教育专业实践能力培养模式探索：以乐山师范学院为例 [J]. 绵阳师范学院学报，2020，39（4）：48-52.

[8] 张成霞 . "一带一路"背景下"东盟国家概况"课程建设及创新思考：以贵州大学汉语国际教育硕士专业为例 [J]. 广西教育学院学报，2020（2）：177-182.

[9] 陈静丽 . 汉语国际教育硕士专业教学实践质量保障体系及其优化：以广西大学为例 [J]. 钦州学院学报，2019，34（4）：46-50.

[10] 王艺澄.全员、全过程、全方位育人机制研究与能力培养：以汉语国际教育专业硕士海外实践期为例[J].智库时代，2019（13）：297-298.

[11] 刘晓玲.汉语国际教育专业硕士实践环节实施及成效研究：基于安阳师范学院汉语国际教育硕士实践能力培养的探索[J].河北大学成人教育学院学报，2018，20（2）：105-108.

[12] 刘明阳，潘婧妍.汉语国际教育硕士专业课程设置研究[J].吉林广播电视大学学报，2018（1）：39-41，110.

[13] 郭玉贤.以社团模式提高汉语国际教育专业学生创新能力的思考与实践[J].教育观察，2017，6（23）：61-63.

[14] 李东伟，吴应辉.我国汉语国际教育硕士培养模式现状与优化策略[J].中国高教研究，2017（10）：62-66.

[15] 王耀东.汉语国际教育硕士专业"汉语语言学"课程综论[J].兰州交通大学学报，2017，36（5）：76-80.

[16] 刘一蓓.刍议汉语国际教育硕士专业实践能力培养[J].文学教育（下），2017（9）：114-115.

[17] 曹勇，秦艳萍，叶志芬.汉语国际教育硕士专业课程设置优化的思考[J].西安建筑科技大学学报（社会科学版），2017，36（3）：95-100.

[18] 张舸，吴水发.汉语国际教育硕士双语能力调查分析与培养策略[J].学理论，2017（1）：173-175.

[19] 王丕承.汉语国际教育专业硕士培养中学生获得知识与能力的研究[J].亚太教育，2016（36）：246，244.

[20] 林荣生.汉语国际教育专业学生创新实践能力培养探究：以百色学院校园文化活动为切入点[J].语文学刊（外语教育教学），2016（12）：142-143.

[21] 焦会生.汉语国际教育专业实践教学体系构建研究：以安阳师范学院汉语国际教育硕士专业学位研究生教育为例[J].安阳师范学院学报，2016（6）：113-116.

[22] 刘颂浩.就业困境和汉语国际教育硕士培养重点[J].国际汉语教学研究，2016（3）：83-89.

[23] 王丕承.汉语国际教育专业硕士教学变革意识和能力的培养[J].西部素质教育,2016(3):4,6.

[24] 杜欣.以学生为事件核心的体验式案例设置构想:汉语国际教育专业硕士视角[J].赤子(上中旬),2015(20):55-56.

[25] 周艳芳.关于高校汉语国际教育专业硕士课程设置的思考[J].邢台职业技术学院学报,2015,32(4):65-67.

[26] 周艳芳.高校汉语国际教育专业硕士人才培养现状调查分析[J].吉林省教育学院学报(上旬),2015,31(7):106-109.

[27] 杨新新,刘晓玲.汉语国际教育硕士专业学位研究生培养实践导向探索:以安阳师范学院为例[J].安阳师范学院学报,2015(3):129-132.

[28] 杜欣.汉语国际教育专业硕士课堂控制性管理能力的培养[J].亚太教育,2015(11):29.

[29] 仇鑫奕.汉语国际教育硕士专业学位研究生专业问题研究能力培养刍议[J].华文教学与研究,2015(1):32-40.

[30] 孙晓明.汉语国际教育硕士培养模式的创新[J].中国成人教育,2014(20):76-78.

[31] 刘俊莉.汉语国际教育硕士专业的发展现状及问题[J].理论导报,2014(10):59-61.

[32] 邹小青.CDIO教育模式下汉语国际教育专业学生教学实践能力的培养[J].华北科技学院学报,2014,(10):96-99,102.

[33] 李晶.汉语国际教育硕士实践能力培养之探索[J].品牌(下半月),2014(9):224.

[34] 田欣儿.汉语国际教育专业硕士研究生专业课程设置及就业前景分析[J].安阳师范学院学报,2014(3):132-134.

[35] 王秋萍,李江.汉语国际教育硕士研究生培养模式的改革与创新:以广东外语外贸大学为例[J].漯河职业技术学院学报,2014,13(3):149-151.

[36] 胡泊.汉语国际教育专业硕士课程设置研究[J].辽宁经济管理干部学院(辽宁经济职业技术学院学报),2012(4):86-88.

[37] 吴慧 . 基于任务型的汉语国际教育硕士培养模式探析 [J]. 内蒙古师范大学学报（教育科学版），2012（3）：77–80.

[38] 杨金华 . 汉语国际教育硕士专业学位研究生教学实践探索 [J]. 学位与研究生教育，2012（2）：54–56.

[39] 冯丽萍 . 论汉语国际教育专业硕士培养中的若干问题 [J]. 长江学术，2009（1）：114–118.

[40] 陈青妮 . 论汉语国际教育硕士专业的课程设置 [J]. 曲靖师范学院学报，2008（5）：118–121.

[41] 朱永生 . 有关汉语国际教育硕士专业课程设置与教学实习的几点设想 [J]. 云南师范大学学报（对外汉语教学与研究版），2007（6）：14–15.

[42] 刘佳雪，田泽中 . 河北省汉语国际教育硕士专业文化类课程设置现状分析 [J]. 华北理工大学学报（社会科学版），2022，22（5）：99–104.

[43] 黄健秦 . 汉语国际教育专业硕士的文化类核心课程设置：以国际学生"中国文化专题"课为例 [J]. 语言教育，2021，9（3）：79–85.

[44] 段然 . 地方应用型本科院校汉语国际教育专业实践教学能力培养思考：以肇庆学院为例 [J]. 黑龙江教育（理论与实践），2021（6）：80–82.

[45] 鲍丽娟 . 汉语国际教育专业硕士实践能力培养的教学策略 [J]. 长春大学学报，2021，31（2）：81–83.

[46] 赵文静 . 汉语国际教育硕士实习中的教学反思能力研究：以江西高校为例 [D]. 南昌：江西科技师范大学，2022.

[47] 程诺 . 汉语国际教育硕士跨文化交际能力现状及提升建议研究 [D]. 大连：大连外国语大学，2022.

[48] 朱兴霞 . 近五年汉语国际教育硕士就业现状、问题及对策研究：以辽宁省五所高校为例 [D]. 大连：东北财经大学，2022.

[49] 赵瑶 . 汉语国际教育专业硕士课程设置研究：以青岛大学与中国海洋大学为例 [D]. 青岛：青岛大学，2021.

[50] 刘艳婷 . 河北师范大学汉语国际教育硕士专业课程设置调查研究 [D]. 石家庄：河北师范大学，2021.

附录　本书量表各维度对《国际汉语教师标准》具体参照表

实践动机	实践内生动机	1. 认识并理解职业价值、树立并维护职业信誉； 2. 遵守法律和职业道德规范； 3. 尊重不同文化，具有多元文化意识
	实践外生动机	1. 了解相关学术动态与研究成果，参与学术交流与专业培训，寻求专业发展机会； 2. 具有较好的心理承受能力和自我调适能力； 3. 认识并理解职业价值，树立并维护职业信誉
一般实践能力	沟通能力	1. 具有符合职业需要的汉语口语和书面语交际能力； 2. 能通过文化产品、文化习俗说明其中蕴含的价值观念、思维方式、交际规约、行为方式； 3. 能以适当方式客观、准确地介绍中国
	人际交往	1. 了解跨文化交际的基本原则和策略； 2. 能使用任教国语言或英语进行交际和教学
	团队合作	具有合作精神
专业实践能力	自学能力	1. 了解现代教育技术及对汉语教学的作用； 2. 能自觉比较中外文化的主要异同，并应用于教学实践； 3. 了解当代中国的热点问题

续表

专业实践能力	专业知识	1. 具备基本的汉语语言学知识和语言分析能力； 2. 了解第二语言学习基本原理； 3. 了解现代教育技术及对汉语教学的作用； 4. 掌握汉语教学的基本原则与方法； 5. 掌握汉语语音、词汇、语法和汉字教学的基本原则与主要内容； 6. 掌握汉语语音、词汇、语法和汉字教学的方法与技巧，并能根据不同的教学对象采用适当的教学方法； 7. 了解汉语技能教学的课型特点、教学目标与基本原则； 8. 熟悉有关的汉语教学标准和教学大纲； 9. 熟悉常用的汉语教材； 10. 了解课堂教学任务与活动的主要类型及特点； 11. 了解并适应不同国家和地区的课堂管理文化； 12. 了解课外活动的形式、特点和作用； 13. 了解测试与评估的基本知识和主要方法； 14. 了解世界主要文化的特点
	专业技能	1. 具备汉外语言对比的能力； 2. 具备分析和处理学习者偏误的能力； 3. 掌握汉语听、说、读、写教学的方法与技巧，并能有效地组织教学； 4. 具有运用现代教育技术进行汉语教学的能力； 5. 能合理设计课程并制订教学计划； 6. 能根据教学要求编写教案； 7. 熟悉常用的汉语教材； 8. 能合理选择、加工和使用汉语教材； 9. 能合理选用或制作必要的教具； 10. 掌握组织课外活动的基本方法和程序； 11. 能对测试与评估结果进行有效的分析和应用； 12. 能将文化阐释和传播与语言教学有机结合

续表

专业实践能力	匹配分析力	1. 能根据不同的教学对象和教学目标进行教学，培养学习者的汉语综合运用能力； 2. 能根据学习者的特点，设计、组织教学活动； 3. 能根据不同的教学对象采用适当的教学方法； 4. 熟悉第二语言教学的一般原则，并具有将其与汉语教学实践相结合的意识和能力； 5. 能根据教学需要利用各类教学资源制作、补充教学材料； 6. 能创建有利于汉语教学的课堂环境与氛围； 7. 能采用适当的策略和技巧实施有效的课堂管理； 8. 能根据不同的教学目的选用或设计合适的测试与评估工具； 9. 能通过文化产品、文化习俗说明其中蕴含的价值观念、思维方式、交际规约、行为方式
情境实践能力	统筹规划力	1. 具备设计教学任务和组织教学活动的能力； 2. 能根据学习者特点组织课外活动
	应变力	1. 能根据教学需要利用各类教学资源制作、补充教学材料； 2. 掌握跨文化交际技巧，能有效解决跨文化交际中遇到的问题
	反思力	能进行教育研究，具有教学反思能力